Meios alternativos de resolução de litígios

(Noções Introdutórias)

Armindo Antonio Lopes Ribeiro Mendes

Teresa Maria Geraldes Da Cunha Lopes

Universidade Católica de Lisboa (Portugal)

Centro de Investigaciones Juridicas y Sociales /UMSNH (México)

Cuerpo Academico Derecho, Estado y Sociedad Democrática (UMSNH/México)

2015

Título

Meios alternativos de resolução de litígios .Noções Introdutórias

Autores

Armindo Antonio Lopes Ribeiro Mendes

Teresa Maria Geraldes Da Cunha Lopes

Serie: "Transformaciones Jurídicas y Sociales en el Siglo XXI", Serie 2015, número 1

Editado Por:

Universidade Católica de Lisboa (Portugal)

Centro de Investigaciones Juridicas y Sociales /UMSNH (México)

Arbitragem Externo: CEDEGS /Universidad Veracruzana (Agosto 2016)

Coordenador Editorial

Pedro Rusiles

1a. Ed.

11 de Novembro de 2015

ISBN -13: 978-1500837204

ISBN-10: 1500837202

Copyright : Armindo Ribeiro Mendes / Teresa Da Cunha Lopes

Impreso por : Create Space

Índice de contenido

Capítulo I

Noções Introdutórias

1.   **A justiça estadual e os meios alternativos de resolução de litígios.**

I- De um ponto de vista histórico, é muito antiga a instituição de soluções arbitrais para resolver litígios de direito privado: questões de execução ou inexecução de contratos e até de propriedade sobre bens. Muitas vezes, por consenso, os litigantes entregavam a resolução do seu caso a um vizinho experiente ou a um homem de grande reputação.

Na Europa, porém, os senhores feudais e, depois, os soberanos tenderam a sobrepor a essas formas consensuais de resolução de litígios uma máquina judiciária oficial, mais ou menos desenvolvida.

A justiça real tende, assim, a ocupar o lugar predominante na resolução de litígios privados. É paradigmático o caso inglês com a concentração dos tribunais reais em Londres, mas o mesmo fenómeno pode ser observado em Portugal, tal como em França.

Considerando a justiça estadual como a regra, a arbitragem é tratada como uma excepção tolerada, uma forma alternativa de resolução de litígios em que a sentença é proferida por um ou mais particulares, em vez de ser proferida por um juiz "oficial".

Em França, após a Revolução de 1789, a arbitragem tornou-se muito popular e teve até consagração constitucional. Os revolucionários desconfiavam dos juízes herdados do regime monárquico e pretendiam que fossem cidadãos isentos a resolver os litígios surgidos entre concidadãos. Segundo o art. 1.º do Decreto de 16-24 de Agosto de 1790, "sendo a arbitragem o meio mais razoável de terminar os litígios entre os cidadãos, não poderão os legisladores emitir nenhuma disposição tendente a diminuir quer o acolhimento (*faveur*) quer a eficácia do compromisso". A mesma formulação aparece na Constituição francesa de 3 de Setembro de 1791.Este súbito interesse pela arbitragem veio rapidamente a desvanecer-se, reafirmando-se logo a quase exclusividade da justiça estadual, sobretudo a partir da legislação napoleónica.

Todavia, muitas leis de processo civil oitocentistas prevêem e regulam a chamada arbitragem voluntária, forma alternativa e residual de resolução de litígios caracterizada pela existência de um acordo das partes, vulgarmente designado como compromisso, de submeter a um terceiro, em quem confiam, a solução da controvérsia, comprometendo-se a respeitar a decisão deste [1].

1

[1] Veja-se René David, *L'Arbitrage dans le Commerce International*, Paris, Economica, 1981, págs. 5-6 ; Jean Robert, *L'Arbitrage – droit interne, droit international privé*, Paris, Dalloz, 6.ª ed., 1993, págs. 4 e segs. (este autor

Deve notar-se que, no século XIX, "o recurso à arbitragem era, de modo geral, acordado após o surgimento do litígio (compromisso arbitral) e revestia assim um carácter realmente consensual. Com efeito, a vontade conjunta de arbitrar exprimia-se em relação a um dado litígio" [2].

A arbitragem voluntária vai tornar-se, a partir do fim do século XIX e sobretudo no período após a I Guerra Mundial (1914-1918), uma forma relativamente normal de resolução de litígios entre comerciantes, sobretudo no domínio do comércio internacional. A circunstância de os exportadores e importadores não terem a mesma nacionalidade fazia-os desconfiar do recurso aos tribunais do Estado da contraparte, em caso de litígio.

Começam, por isso, a aparecer no final do século XIX e, sobretudo, nas primeiras décadas do Século XX, instituições comerciais que organizam, de forma profissional e remunerada, arbitragens para resolver litígios entre comerciantes de diferentes nacionalidades.

A questão mais complexa consiste em saber como tornar possível a execução das decisões arbitrais que não forem acatadas.

---

chama a atenção para várias soluções legislativas da monarquia francesa que impunham o recurso à arbitragem para certos litígios, soluções de arbitragem necessária, contraposta à arbitragem voluntária que nos ocupa).

2   [1] Gabrielle Kaufmann Kohler / Antonio Rigozzi, *Arbitrage International – Droit et pratique à la lumiére de la LDIP*, Zurique, Basileia, Genebre, Schulthess, 2006, pág. 1

Sob a égide da Sociedade das Nações, são negociadas convenções internacionais sobre arbitragem:

- Protocolo de Genebra de 1923 sobre cláusulas de arbitragem;

- Convenção de Genebra de 1927 sobre execução das sentenças arbitrais.

Pode dizer-se que, durante a primeira metade do Século XX, a arbitragem voluntária torna-se um método normal de resolução de litígios do comércio internacional. Fala-se de <u>arbitragem comercial internacional</u>.

II- A par da arbitragem como meio alternativo de resolução de litígios sem recurso aos tribunais estaduais aparecem outros meios que visam a que as partes cheguem a acordo, celebrando uma transacção que previna ou ponha termo a um litígio (cfr. o contrato de transacção regulado nos arts. 1248.º-1250.º do Código Civil):

> *"Os meios mais conhecidos são a negociação, a mediação, a conciliação e a arbitragem. Há quem entenda que a negociação não é um meio de resolução alternativa de litígios, enquadrando-o antes como uma componente de um qualquer dos processos de resolução (...)"* [3]

3

A negociação é um processo de resolução de controvérsias caracterizado por um desenrolar de contactos entre as partes desavindas, tendentes a modificar as exigências ou pretensões iniciais das partes até se aceitar uma solução de compromisso. De um modo geral, a negociação está presente em todos os meios alternativos de resolução de litígios que não terminam por uma decisão de tipo jurisdicional (proveniente de um tribunal estadual ou de um tribunal arbitral).

Na negociação há negociadores mas não a intervenção de um terceiro imparcial.

Já na conciliação e na mediação aparece um terceiro imparcial.

É discutível saber se há diferenças entre a conciliação e a mediação. De um modo geral, tende a afirmar-se que as duas noções se referem a uma mesma realidade.

Segundo o art. 35.º da Lei dos Julgados de Paz (Lei n.º 78/2001, de 13 de Julho), *"a mediação é uma modalidade extrajudicial de resolução de litígios, de carácter privado, informal,*

---

[1] Mariana França Gouveia, "Meios de Resolução Alternativa de Litígios: Negociação, Mediação e Julgados de Paz", in Estudos Comemorativos dos 10 anos da Faculdade de Direito da Universidade Nova, II, Coimbra, Almedina, 2008, pág. 727.

confidencial, voluntário e de natureza não contenciosa, em que as partes, com a sua participação activa e directa, são auxiliadas por um mediador a encontrar, por si próprias, uma solução negociada e amigável para o conflito que as opõe:"

A Lei-Modelo sobre Conciliação Comercial Internacional aprovada pela CNUDCI/UNCITRAL (Comissão das Nações Unidas para o Direito do Comércio Internacional) define, por seu turno, a conciliação nos seguintes moldes:

> *"O termo «conciliação» designa um processo, independentemente da denominação de conciliação, mediação ou nome equivalente, em que as partes solicitam a um terceiro (o «conciliador») que as ajude nos seus esforços para chegarem a uma solução amigável do litígio decorrente de uma relação jurídica, contratual ou de diversa natureza, ou ligado a uma tal relação. O conciliador não tem poder para impor às partes a solução de um litígio."*

A introdução desta Lei-Modelo sobre Conciliação no direito interno dos Estados membros da ONU foi recomendada pela Assembleia Geral desta Organização através de resolução de 19 de Novembro de 2002.

Após trabalhos preparatórios demorados, foi elaborada uma proposta de directiva comunitária de 2004 sobre certos aspectos de mediação em matéria civil e comercial nas relações transfronteiriças em que se usam em sinonímia as expressões mediação e conciliação. Esta proposta foi convertida na Directiva n.º 2008/52/CE, do Parlamento e do Conselho, de 21 de Março, a qual foi já transposta para o Direito português.

Tradicionalmente, a conciliação era promovida pelo próprio tribunal estadual (cfr. art. 509.º do Código de Processo Civil), ao passo que a mediação tem origem na vontade das partes.

O Código de Processo Civil suíço (2005) distingue a conciliação da mediação, conforme a entidade que toma a iniciativa de negociação das partes.

III– O legislador português aproveitou a recente reforma do processo de inventário (Lei n.º 29/2009, de 29 de Junho) para transpor para o direito interno a referida Directiva 2008/52/CE sobre certos aspectos da mediação em matéria civil e comercial. Tal transposição foi feita com carácter geral, não se limitando aos processos que tenham como objecto relações jurídicas com elementos de conexão transfronteiriços.

Este diploma (art. 79.º) aditou ao Código de Processo Civil os arts. 249.º-A, 249.º-B, 249.º-C e 279.º-A sobre a matéria de mediação, os quais entraram em vigor em 30 de Junho de 2009 (art. 87.º da Lei n.º 29/2009).

Nos arts. 249.º-A a 249.º-C regula-se a mediação pré-judicial.

Dispõe o n.º 1 do art. 249.º-A que "as partes podem,

previamente à apresentação de qualquer litígio em tribunal recorrer a sistemas de mediação para a resolução desses litígios". A utilização dos sistemas de mediação pré-judicial previstos em regulamento constante da portaria suspende os prazos de caducidade e prescrição a partir da data em que for solicitada a intervenção de um mediador" (art. 249.º-A, n.º 2). Tais prazos são retomados a partir do momento em que uma das partes recuse submeter-se ao processo de mediação ou continuar com o mesmo ou, então, quando o mediador determinar o final do processo de mediação" (art. 249.º-A, n.º 3). Passarão a existir entidades gestoras de sistemas de mediação reconhecidas pelo Ministério da Justiça a partir da verificação da entidade mediadora.

Nos termos do art. 249.º-B, n.º 1, "se da mediação resultar um acordo, as partes podem requerer a sua homologação por um juiz", pertence a qualquer tribunal competente em razão da matéria. Havendo recusa de homologação, o acordo é devolvido às partes, podendo estas, no prazo de 10 dias, submeter um novo acordo a homologação.

O art. 249.º-C estabelece a confidencialidade do processo de mediação, estabelecendo que não pode ser valorado como prova o conteúdo das sessões de mediação, "salvo em caso de circunstâncias excepcionais, nomeadamente quando esteja em causa a protecção da integridade física ou psíquica de qualquer pessoa."

Por último, quando já tenha sido instaurado um processo cível, pode, em qualquer estado da causa e sempre que o juiz o entenda conveniente, determinar-se "a remessa do processo para mediação, suspendendo-se a instância, salvo quando alguma das partes expressamente se opuser a tal remessa" (art. 279.º-A, n.º 1). As partes podem igualmente acordar na suspensão do processo, através de mera comunicação de qualquer das partes de recorrer a sistemas de mediação e sem necessidade de despacho judicial, pelo período máximo de seis meses, previsto no n.º 4 do art. art. 279.º. Verificando-se na mediação a impossibilidade de acordo, o mediador deve dar conhecimento desse facto ao tribunal, cessando, automaticamente e sem necessidade de qualquer acto do juiz ou da secretaria, a suspensão da instância. Havendo acordo, após a remessa seguem-se os termos previstos na lei para a transacção.

IV– Em conclusão, pode dizer-se que, enquanto a conciliação e a mediação são meios alternativos de resolução de litígios (ADR, sigla de "alternative dispute resolution", ou RAL, resolução alternativa de litígios) – em oposição aos meios contenciosos assegurados pelas justiças estaduais – baseados em negociações assistidas por um terceiro imparcial e que visam pôr termo ao diferendo que opõe as partes através de um contrato de transacção, já a arbitragem é um meio alternativo de resolução de litígios que pressupõe uma decisão susceptível de execução forçada. Nesta medida, a arbitragem aproxima-se da actividade dos tribunais estaduais, pois partilha com estes a utilização de um processo de natureza coerciva. Tal como o demandado num processo civil que decorre perante um tribunal estadual, o demandado no processo arbitral não tem a possibilidade de se subtrair à decisão jurisdicional que o tribunal arbitral vier a proferir. Como dizem GABRIELLE KAUFMANN-KOHLER e A. RIGOZZI, "o mediador/conciliador propõe, (...) o juiz/árbitro impõe" [4].

Deve notar-se que a prática internacional regista várias soluções de ADR que têm natureza coerciva, mas não parecem reconduzir-se à arbitragem voluntária: bastará referir o sistema americano de *rent a judge* (realização de um julgamento formal por um juiz reformado), os casos de *mini-trials* (embora aí não parece haver uma sentença vinculante) e a chamada arbitragem de baseball (arbitragem pendular ou de última oferta).

2. A arbitragem como método de resolução de litígios por via jurisdicional. O Direito Comparado da Arbitragem

I- POUDRET e BESSON, dois conhecidos autores suíços, chamam a atenção para a circunstância algo paradoxal de a generalidade das leis de arbitragem voluntária contemporâneas não definir o conceito de arbitragem voluntária. Normalmente, tais leis definem apenas o negócio jurídico que está na base de arbitragem, ou seja, a convenção de arbitragem.

---

4   [1] Ob cit, pág. 6; ver igualmente Julian D.M. Lew / Loukas A. Mistelis / Stefan M. Kröll, *Comparative International Commercial Arbitration*, Haia, Londres, Nova Iorque, *Kluwer Law International*, 2003, págs. 9-15.

Já no plano doutrinal, aparecem definições que acentuam o carácter jurisdicional da arbitragem voluntária.

Segundo a síntese dos mesmos autores:

"Assim, Jarrosson consagrou a sua tese de doutoramento à questão e, depois de uma análise detalhada da doutrina e da jurisprudência, chega à definição seguinte (...): «A arbitragem é a instituição através da qual um terceiro resolve o diferendo que opõe duas ou mais pessoas, exercendo a missão jurisdicional que lhe foi confiada por estas». Convirá ainda precisar que este terceiro age a título privado, e não no exercício de uma função pública. Fouchard/Gaillard/Goldman(...) retomam esta definição e a de René David. Não se deixará também de mencionar, em França, os escritos de Bruno Oppetit (...). Na Bélgica retenhamos a definição de Huys e Keutgen (...): «um modo de solução de conflitos que encontra a sua origem numa convenção privada e que chega a uma decisão revestida da autoridade de caso julgado. Esta decisão é obtida pela intervenção de um ou mais particulares a quem a vontade comum das partes confere o poder de resolver o litígio». Na Alemanha, Schwab/Walter qualificam a arbitragem como jurisdição privada, ao passo que Schlosser considera que se trata de uma noção relativa, cuja exacta definição depende da lei aplicável (...)

Pragmáticos, os ingleses preferem recensear as

razões que militam a favor de um tal modo de solução de litígios ou os índices pertinentes para distinguir a arbitragem das instituições vizinhas, sendo o mais importante o carácter obrigatório da decisão (...) Na Suíça, no seu comentário da Concordata [Concordata Intercantonal sobre Arbitragem, de 27 de Maio de 1969, abreviadamente CIA] que regulava na época a arbitragem tanto internacional como interna, Jolidon (...) define esta como «a via jurisdicional privada que repousa sobre a vontade das partes, expressa numa convenção, de encarregar meros particulares da missão de resolver um ou mais litígios de direito privado em vez e no lugar das jurisdições estaduais». Bucher insiste, por seu turno, no poder do árbitro de proferir «uma sentença com autoridade de caso julgado ao mesmo título de que uma sentença [de um tribunal estadual] (...)" [5]

Depois de referirem que o autor de um autorizado comentário da Convenção de Nova Iorque de 1958 sobre o reconhecimento e execução das sentenças arbitrais, ALBERT JAN VAN DEN BERG, definira a arbitragem como "a resolução do litígio entre duas ou mais partes por uma terceira pessoa (o árbitro) que deriva os seus poderes de um acordo (um acordo de arbitragem) das partes e cuja decisão é vinculativa para estas", apresentam a

---

[5] [1] *Comparative Law of International Arbitration*, 2.ª ed., Londres, Thomson/Sweet & Maxwell, 2007, traduzido por S. V. Berti e A. Ponte, págs. 1-2 (a primeira edição desta obra foi publicada em 2002, em língua francesa, *Droit Comparé de l'Arbitrage International*).

sua própria definição:

> *"A arbitragem é um modo convencional de resolução de litígios por particulares escolhidos directa ou indirectamente pelas partes e investidos do poder de julgar em lugar das jurisdições estaduais através de uma decisão que tem efeitos análogos aos de uma sentença [estadual]."* [6]

Estes autores suíços referem que, ao apresentarem esta definição, não pretendem tomar partido na controvérsia que desde o Século XIX divide os autores, a propósito da natureza contratual ou jurisdicional de arbitragem. E acrescentam:

> *"Esta controvérsia é, com efeito, algo fútil a partir do momento que esta instituição [a arbitragem voluntária] é objecto de uma regulamentação específica. Ao estudar as fontes da arbitragem, veremos que esta regulamentação figura mais frequentemente nos códigos de processo civil, como sucede na Alemanha, na Bélgica, na França, na Itália e na Holanda, facto que sublinha o seu parentesco como o processo judiciário, ou, de forma mais rara, em leis especiais, como sucede em*

6

[1] Ob cit, pág. 2.

Inglaterra e na Suécia. Apenas a Suíça constitui excepção, ao regulamentar a arbitragem internacional no seu direito internacional privado, isso não por força da sua natureza mas antes por força da repartição, à época, da competência legislativa entre a Confederação e os cantões (...) O capítulo 12 constitui, de resto, um corpo autónomo na LDIP [Lei de Direito Internacional Privado de 1987], como correctamente demonstrou Pierre Lalive" [7]

II- A propósito da natureza jurídica da arbitragem, a doutrina tem avançado, pelo menos, quatro teorias diferentes sobre tal natureza. A primeira sustenta o <u>carácter jurisdicional</u> da arbitragem, pondo em relevo o poder do Estado de permitir e de regular a arbitragem. De um ponto de vista histórico, tal teoria foi acolhida pelos grandes cultores clássicos do direito internacional privado em França (LAINE, PILLET, BARTIN, etc.) e foi acolhida pela jurisprudência da cassação francesa (caso *Del Drago* - 1901). Aos árbitros são atribuídos pelo Estado poderes "quase-judiciais", constituindo uma alternativa tolerada aos juízes desse Estado. A segunda teoria considera que a natureza de arbitragem é <u>contratual</u>, dependendo ela inteiramente do acordo das partes. A sentença arbitral depende, por isso, de forma mediata do acordo de arbitragem. O Tribunal de Cassação francês, em 1937, acolheu esta teoria no caso *Rose / Moller et Companie*, afirmando que as sentenças arbitrais "baseiam-se na convenção de arbitragem e

---

7 [1] <u>Ob cit</u>, pág. 9.

constituem uma unidade com esta, partilhando da sua natureza contratual" [8]. Uma terceira teoria é qualificada de mista ou híbrida, aceitando que a arbitragem tem uma origem contratual mas desempenha uma função jurisdicional, podendo falar-se de um sistema de justiça privada criada por um contrato de natureza processual. Esta terceira teoria, formulada no meio dos anos cinquenta do passado século por SAUSER-HALL, tem sido acolhida pela doutrina mais significativa, a qual considera que estão indissociavelmente entrelaçados os elementos contratual ou jurisdicional da arbitragem. Finalmente, mais recentemente surgiu em França uma "teoria autónoma" ou *"sui juris"* da arbitragem que seria possível construir a partir da análise do uso da arbitragem e da sua finalidade. Na formulação de JAQUELINE RUBELLIN – DEVICHI, "parece-nos certo que as noções de contrato e de sentença sofrem uma alteração tal, quando se tenta – sobretudo de forma simultânea – encontrá-los no desenvolvimento do processo arbitral, que perdem qualquer significado, sem que surja no entanto a fisionomia particular da arbitragem" [9]. No dizer de J. D. M. Lew, a teoria autónoma ou autonomista de arbitragem constitui um "desenvolvimento esclarecido da teoria mista ou híbrida", na medida em que desenvolve o regime jurídico de forma a reflectir as exigências do mercado, reconhecendo os elementos jurisdicional e contratual do regime da arbitragem, mas

---

8

[1] Transcrito em J. D. M. Lew / L. M. Kröll, ob cit, pág. 77.

9 [1] *L'Arbitrage. Nature Juridique. Droit Interne et Droit International Privé*, Paris, LGDJ, 1965, pág. 24.

transferindo o enfoque do controle que a lei da sede do lugar de arbitragem <u>pode</u> exercer, para o plano jurídico e comercial em que as partes acordam no processo arbitral e nele participam" [10].

Veremos á frente que estas teorias procuram explicar momentos sucessivos da evolução do fenómeno arbitral nos últimos cento e vinte anos.

III– Dada a circunstância da arbitragem voluntária estar regulada por leis estaduais (capítulos dos Códigos de Processo Civil; leis autónomas especiais como sucede com a Inglaterra, a Suécia, a Espanha e Portugal) e se verificar que existe, hoje, uma grande proximidade entre essas legislações – valerá a pena pôr em destaque a influência de diferentes tratados internacionais, como a Convenção de Nova Iorque já citada ou a Convenção Europeia de 1961 sobre Arbitragem Comercial Internacional e da Lei-Modelo da UNCITRAL de 1985 – compreende-se o interesse pela análise comparativa das diferentes soluções legais. O Direito Comparado da Arbitragem tem hoje muitos cultores, constituindo clara vantagem para os práticos e os estudiosos da Arbitragem o poder-se dispor de análises sobre as diferentes soluções legais a propósito das diferentes matérias atinentes à arbitragem.

A obra de POUDRET e BESSON, várias vezes citada, constitui uma obra muito importante do Direito Comparado da Arbitragem,

---

10

[1] J. D. M. Lew / L. M. Mistelis / S. M. Kröll, ob cit, págs. 81-82.

a par de JULIAN D. M. LEW, LOUKAS A. MISTELIS e STEFAN M. KRÖLL também já citada.

3. **Arbitragem voluntária e arbitragem necessária. Legitimidade constitucional da arbitragem, voluntária e necessária**

I- Uma das distinções tradicionais no domínio da arbitragem é a que contrapõe a arbitragem voluntária à necessária.

É uma distinção bem conhecida no processo civil português.

Nos Códigos de Processo Civil de 1939 e de 1961, o último Livro destes Códigos regulava o Tribunal Arbitral.

Aí se distinguia a arbitragem voluntária que se baseava numa convenção das partes (compromisso arbitral; cláusula compromissória) da arbitragem necessária.

No art. 1525.º do Código de Processo Civil vigente e no que toca à arbitragem necessária, pode ler-se:

> *"Se o julgamento arbitral for prescrito por lei especial, atender-se-á ao que nesta estiver determinado. Na falta de determinação, observar-se-á o disposto nos artigos seguintes."*

A LAV (Lei da Arbitragem Voluntária, Lei n.º 31/86, de 29 de

Agosto) revogou os artigos do Código de Processo Civil que respeitavam ao tribunal arbitral voluntário (arts. 1508.º a 1524.º), mas deixou incólumes os arts. 1525.º a 1528.º sobre arbitragem necessária. Tais preceitos contêm normas supletivas, aplicáveis quando a lei especial que impuser a arbitragem não contiver regulamentação sobre os pontos aí contemplados.

A <u>arbitragem necessária</u> é, pois, a que não repousa sobre uma convenção das partes, mas antes é imposta por lei especial, ou seja, a própria lei, em vez de confiar certo litígio à resolução por um tribunal estadual, impõe às partes o recurso a um tribunal arbitral.

O exemplo paradigmático aparece-nos no Código das Expropriações de 1999 (Lei n.º 168/99, de 18 de Setembro). Na verdade nas expropriações litigiosas – em que não foi possível fixar a indemnização do expropriado através de acordo com o expropriante – o processo é instaurado obrigatoriamente perante um tribunal arbitral imposto por lei, o qual funciona como primeira instância. Das suas decisões interpõe-se recurso para o tribunal de comarca (cfr. arts. 38.º e 42.º a 49.º do Cód. das Expropriações), podendo ainda as decisões deste ser impugnáveis junto das Relações.

No domínio dos conflitos colectivos de trabalho, o Código do Trabalho prevê vários casos de arbitragem necessária.

II– A existência de arbitragem necessária é hoje praticamente residual, nos diferentes Estados, no domínio do direito privado e do direito administrativo.

Quando se fala de arbitragem, nomeadamente de arbitragem internacional ou transnacional, está-se a falar de arbitragem voluntária.

III– Até à Constituição de 1976, a arbitragem era regulada no Código de Processo Civil, não havendo especial preocupação em encontrar um fundamento supra-legal que justificasse o reconhecimento da autoridade de caso julgado às decisões elaboradas por particulares, por força de uma convenção de arbitragem. Deve notar-se que, no século XIX, quer a Constituição de 1822, quer a Carta Constitucional de 1826 previam a existência de tribunais arbitrais, inspiradas neste ponto pela Constituição francesa de 3 de Setembro de 1791.

Após a Revolução de Abril de 1974, houve quem pusesse em dúvida a possibilidade de os particulares escolherem outros particulares para decidir os litígios de que fossem partes. No fundo, considerava-se que só os tribunais estaduais deviam ter competência para decidir definitivamente e com autoridade de caso julgado os litígios que lhes deviam ser submetidos.

Este ponto de vista foi criticado pela doutrina.

Por pôr termo às dúvidas recentes sobre a legitimidade constitucional dos tribunais arbitrais voluntários, a I Revisão Constitucional (1982) admitiu a possibilidade de haver tribunais arbitrais voluntários. O n.º 2 do art. 212.º da Constituição passou a prever o seguinte:

"Podem existir tribunais administrativos e fiscais, tribunais marítimos e tribunais arbitrais."

A II Revisão Constitucional manteve no novo art. 211.º, n.º 2, CRP, a solução de que poderiam existir tribunais marítimos e tribunais arbitrais.

Esta norma mantém-se ainda hoje na Constituição, embora com diferente numeração (art. 209.º, n.º 2). A par dos tribunais marítimos e arbitrais, prevê-se também a possibilidade de haver julgados de paz (a partir da IV Revisão Constitucional, de 1997).

IV– Em 1986, o Tribunal Constitucional estabeleceu jurisprudência no sentido de que a lei reguladora dos tribunais arbitrais voluntários tinha de ser aprovada pela Assembleia da República, só podendo o Governo legislar nessa matéria desde que habilitado por autorização da mesma Assembleia. Há, pois, reserva relativa da competência do órgão parlamentar.

Tal jurisprudência foi fixada a propósito da fiscalização abstracta da constitucionalidade do Decreto-Lei n.º 243/84, de 17 de Julho (primeiro diploma sobre arbitragem voluntária publicado na vigência da Constituição de 1976).

No Acórdão n.º 230/86, acabou por concluir-se – embora com votos de vencido – que o art. 168.º, n.º, alínea q) (hoje art. 165.º, n.º 1, al. q)) "reserva para a Assembleia da República o exercício da função legislativa no campo da organização e competência dos tribunais arbitrais voluntários (só destes se cuida aqui, que não dos necessários»"[11]. Como o diploma em causa fora aprovado pelo Governo, sem dispor de autorização legislativa da Assembleia da República, foi o mesmo invalidado através de declaração de inconstitucionalidade com força obrigatória geral.

V– A circunstância de as decisões dos tribunais arbitrais estarem equiparadas às decisões dos tribunais judiciais (art. 26.º, n.º 2, da LAV) leva a que se tenha de entender que podem ser interpostos recursos para o Tribunal Constitucional de decisões de tribunais arbitrais que tenham desaplicado normas com fundamento em inconstitucionalidade ou que tenham aplicado normas cuja inconstitucionalidade haja sido suscitada por uma das partes.

Embora não seja frequente tal situação, importa afirmar que as disposições de Constituição e de Lei da Organização e Funcionamento do Tribunal Constitucional se aplicam também na jurisdição arbitral.

Existe mesmo um caso apreciado há alguns anos pelo Tribunal Constitucional em que foi admitida a competência deste Tribunal para apreciar a constitucionalidade de certas normas

---

[11] (ʰ) In Acórdãos do Tribunal Constitucional, (AcTc), 8.º vol., pág. 123

processuais constantes de um regulamento aprovado por árbitros para certa arbitragem, apesar de não se tratar de normas editadas por um Poder Público [12]. Tratava-se de uma reclamação por não admissão de recurso de constitucionalidade pelo tribunal recorrido, o qual entendia que tais normas regulamentares não preenchiam o conceito de norma para efeitos deste recurso.

O Tribunal Constitucional tem sido chamado a apreciar questões de constitucionalidade atinentes a arbitragem, sobretudo no que toca à imparcialidade dos árbitros e ao afastamento da convenção de arbitragem quando uma das partes se torna insolvente.

4.   **A arbitragem voluntária: arbitragem "*ad hoc*" e arbitragem institucional**

I–   Fala-se de arbitragem *ad hoc* quando as partes se vinculam a organizar elas próprias a arbitragem, não a confiando a uma instituição especializada.

Por contraponto às arbitragens *ad hoc*, fala-se de <u>arbitragem</u>

---

12 [1] Acórdão n.º 150/86, in <u>AcTc</u>, 7.º vol., tomo I, págs. 287 e segs.

<u>institucional</u> quando as partes confiam a organização da arbitragem a uma instituição especializada. As instituições ou centros de arbitragem dispõem de regulamentos próprios, duma infra-estrutura administrativa destinada a facilitar o desenvolvimento do processo arbitral (designação de árbitros, gestão financeira dos encargos de arbitragem, citação dos demandados, notificação das sucessivas decisões arbitrais, nomeadamente da sentença final).

No domínio da arbitragem comercial internacional há algumas instituições de grande renome. Bastará referir, entre outras, a Câmara do Comércio Internacional (CCI), em Paris, instituição fundada em 1923, a *London Court of International Arbitration* (LCIA), em Londres, a AAA (*American Arbitration Association*), a qual dispõe de um centro de arbitragem em Nova Iorque desde 1996 e em Dublin (Irlanda) desde 2001 (denominado ICDR ou CIRD, Centro Internacional de Resolução de Disputas). É igualmente muito conhecida a instituição de arbitragem do desporto, com sede em Lausanne, Suíça (TAS, *Tribunal Arbitral du Sport*). É também renomado o Centro de Arbitragem da OMPI (Organização Mundial de Propriedade Intelectual), criado em 1994.

Em Portugal, há várias instituições que organizam arbitragens. A mais conhecida é o Centro de Arbitragem Comercial da Associação Comercial de Lisboa – Câmara de Comércio e Indústria Portuguesa (anteriormente a 2005, este Centro integrava ainda a Associação Comercial do Porto; hoje cada uma das duas Associações Comerciais dispõe de um Centro próprio, sendo mais importante o de Lisboa).

II– No que toca às arbitragens *ad hoc*, a CNUDCI/UNCITRAL aprovou em 1976 um Regulamento de Arbitragem, que está em processo de revisão desde 2007.

Destina-se a regular o processo nas arbitragens *ad hoc* quando as partes ou os árbitros pretendem a ele recorrer.

III– Relativamente aos centros ou instituições de arbitragem, dispõem eles de regulamentos de processo, que são periodicamente revistos.

É célebre o Regulamento da CCI. O mesmo se pode dizer dos regulamentos da AAA e da LCIA.

O Centro de Arbitragem Comercial da Associação Comercial de Lisboa regia-se por um regulamento de 1987, subsequentemente revisto quanto a alguns pontos. Em 2008 foi aprovado um novo regulamento, muito mais detalhado.

Algumas destas instituições dispõem igualmente de regulamentos sobre mediação, a par de regulamentos sobre encargos dos processos arbitrais.

IV– Na LAV, o art. 38.º refere-se à arbitragem institucionalizada nos seguintes termos:

> *"O Governo definirá, mediante decreto-lei, o regime da outorga de competência a determinadas entidades para realizarem arbitragens voluntárias institucionalizadas, com especificação, em cada caso, do carácter especializado ou geral de tais arbitragens, bem como as regras de reapreciação e eventual revogação das autorizações concedidas, quando tal se justifique."*

O Decreto-Lei n.º 425/86, de 27 de Dezembro, regula as condições de criação de centros de arbitragem voluntária. A lista das entidades autorizadas é anualmente actualizada através de portaria do Ministro da Justiça.

5.   A arbitragem voluntária e a perícia arbitral ou contratual vinculante

I- A arbitragem não se confunde, enquanto instituição, com a intervenção de peritos para fixação de certos pontos da matéria de facto disputados entre as partes.

Deve notar-se que, como ensina LIMA PINHEIRO, da arbitragem distingue-se obviamente a peritagem,

> *"i.e., a intervenção de um terceiro (o perito) que coadjuva um tribunal judicial ou arbitral na*

produção da prova (...). A perícia constitui um elemento de prova que é livremente apreciado pelo tribunal (art. 389.º CC e art. 591.º CPC). O relatório feito pelo perito constitui uma simples opinião qualificada, que não vincula as partes nem o tribunal (...).

Esta distinção clara é por vezes obscurecida, na prática do comércio internacional, pela atribuição a um terceiro, que as partes designam como «perito», do poder de decidir uma controvérsia de carácter técnico ou de proceder à avaliação de um bem ou de um prejuízo. A respeito destas hipóteses, em que um terceiro é encarregue de estabelecer factos jurídicos ou de responder a questões jurídicas, fala-se de «arbitragem – peritagem» [Schiedsgutachten, expertise arbitrale] (...), «arbitragem de qualidade» [quality arbitration] (...) e de «avaliação» [valuation] [13]

De um modo geral, sustenta-se na doutrina que este tipo de peritagem não é propriamente uma modalidade de arbitragem e o comum das legislações, incluindo a Lei-Modelo, não se refere a tal realidade.

A arbitragem de qualidade aparece com muita frequência no comércio internacional, em Londres e em grandes portos de mar europeus, e consiste na intervenção de um terceiro, especialista no domínio de certos bens, sobretudo *commodities* (feijão, café, etc.),

---

[13] [1] Arbitragem Transnacional – A Determinação do Estatuto da Arbitragem, Coimbra, Almedina, 2005, págs. 49-50.

a quem as partes confiam a determinação da qualidade de certa mercadoria e, eventualmente, da redução a estabelecer quanto ao preço contratual. No comum dos casos, a opinião do perito não é fundamentada e as partes acordam entre si seguir tal parecer. Noutros casos, a decisão assemelha-se a uma decisão arbitral (quando reduz o preço contratual ou determina uma indemnização por cumprimento defeituoso)

Por causa destas situações, quer o Código de Processo Civil holandês, quer a LAV regularam a figura, reconduzindo-o à arbitragem.

Dispõe o art. 1020.º, n.º 4, do Código de Processo Civil holandês (redacção introduzida em 1986):

> *"4. As partes podem também acordar submeter a arbitragem as seguintes matérias:*
>
> *a)   determinação apenas da qualidade ou condições dos bens;*
>
> *b)   determinação apenas do montante dos prejuízos ou de uma divida pecuniária;*
>
> *c)   o preenchimento de lacunas ou a modificação de uma relação jurídica entre as partes nos termos do n.º 1"*[14]

---

[14] (¹) O n.º 1 estabelece que as partes podem acordar "em submeter a arbitragem *litígios que tenham surgido ou possam a vir surgir entre elas derivados de uma relação jurídica definida, quer contratual, quer não contratual*"

Deve notar-se que o art. 1047.º deste diploma holandês exclui da aplicação à arbitragem da qualidade (alínea a) do n.º 4 do art. 1020.º) das regras da Secção II do Título consagrado ao processo arbitral, com excepção do disposto do art. 1037.º, preceito respeitante ao lugar da arbitragem. O desenrolar do processo será neste caso determinado pelas partes ou, na falta de determinação destas, pelo próprio tribunal arbitral.

A doutrina entende que tem de ser assegurado o contraditório, sob pena de a decisão não poder ser reconhecida por tribunal estrangeiro, nos termos da Convenção de Nova Iorque.

Por seu turno, o art. 1.º, n.º 3, da LAV (disposição que não constava da proposta de lei do Governo, baseada no projecto da Prof.ª ISABEL MAGALHÃES COLLAÇO, tendo sido introduzida durante o debate parlamentar) dispõe:

> *"As partes podem acordar em considerar abrangido no conceito de litígio, para além de questões de natureza contenciosa em sentido estrito, quaisquer outras, designadamente as relacionadas com a necessidade de precisar, completar, actualizar ou mesmo rever os contratos ou as relações jurídicas que estão na origem da convenção de arbitragem."*

Figurando um contrato de compra e venda em que o preço não esteja desde logo determinado, é possível confiar a sua determinação a um perito-árbitro (cfr. art. 883.º, n.º 1, do Código Civil, disposição que contém um modo supletivo de fazer tal determinação, quando as partes não tiverem convencionado o modo de ele ser determinado). No nosso direito, as partes podem atribuir à intervenção desse perito a natureza de arbitragem, o que pode ter-se por discutível de *iure condendo* [15].

II– A verdade é que, salva a arbitragem/peritagem de qualidade, não se vêem razões que impeçam um tribunal arbitral de preencher lacunas de um contrato, ou modificá-lo por alteração de circunstâncias. Seguindo o entendimento de POUDRET e BESSON, afigura-se que se deve admitir – como ocorre em vários direitos nacionais -, que o árbitro está habilitado a resolver estas questões ao mesmo título por que resolve outros litígios resultantes de um contrato, mas tal, claro, nos limites do direito material aplicável a este.

III– Vale a pena referir, por último, uma figura algo estranha que aparece na prática italiana, sendo aí referida como *arbitrato irrituale*. Trata-se de um "verdadeiro pesadelo" de compreensão para os autores não italianos e tem semelhanças com a <u>perícia</u>

---

15 (¹) Cfr. Raúl Ventura, <u>Convenção de Arbitragem</u>, págs. 330-336, autor que sustenta que "o alargamento do conceito de litígio não faz alargar o conceito técnico de arbitragem; ele representa apenas a reunião, no mesmo rito processual, de duas instituições diferentes: a que se destina à solução de verdadeiros litígios, tendo verdadeira natureza contenciosa, e a que substitui as partes na formação das suas relações jurídicas"

vinculante (*bindende advies*) holandesa.

Segundo o art. 808.º-ter do Código de Processo Civil italiano, na versão de Decreto Legislativo n.º 40 de 2 de Fevereiro de 2006, o *arbitrato irrituale* é assim regulado:

> "As partes podem, através de disposição expressa por escrito, estabelecer, por derrogação do disposto no artigo 824.º-bis, que a controvérsia seja definida pelos árbitros mediante determinação contratual. Aplicam-se as disposições do presente capítulo aos restantes aspectos.
>
> A decisão contratual é anulável pelo juiz competente segundo as disposições do Livro I:
>
> 1) se a convenção de arbitragem for inválida ou os árbitros tiverem pronunciado a conclusão da sentença excedendo os seus limites e a correspondente excepção tenha sido suscitada no procedimento arbitral;
>
> 2) se os árbitros não tiverem sido nomeados segundo as formas e nos modos estabelecidos pela convenção de arbitragem;
>
> 3) se a sentença tiver sido proferida por quem não podia ser nomeado árbitro segundo a norma do artigo 812.º;
>
> 4) se os árbitros não se tiverem cingido às regras impostas pelas partes como condição de validade da sentença;
>
> 5) se não tiver sido observado no procedimento arbitral o princípio do contraditório.

À decisão contratual não se aplica o artigo 825.º."[16]

Segundo POUDRET e BESSON, a *arbitragem "irrituale"* baseia-se numa convenção, exclusivamente regulada pelo direito das obrigações, através da qual as partes acordam em aceitar a solução dada ao litígio por um terceiro, não tendo a decisão desse terceiro, diferentemente da do árbitro, <u>carácter jurisdicional</u>, não equivalendo a uma sentença. A vinculação das partes resulta exclusivamente do contrato e não da lei, embora haja um controlo judicial sobre o modo como foi proferida a decisão do terceiro (1.2.7).

Nesta medida, a <u>arbitragem *"irrituale"*</u> aproxima-se muito da <u>peritagem-arbitragem</u>. Deve notar-se que em Itália se distingue o *arbitrato irrituale* do *arbitraggio*, sendo este último o instituto através do qual as partes conferem a um terceiro o poder de preencher lacunas de um contrato.

6. Arbitragem comercial e arbitragem no direito administrativo

I– A arbitragem voluntária surgiu no domínio do direito comercial, ou seja, no domínio do direito privado. Como se viu, o

---

[16] (1) O art. 824.º-bis equipara a sentença arbitral à sentença pronunciada por uma autoridade judiciária e o art. 825.º regula o depósito da sentença junto da secretaria do tribunal estadual.

seu grande êxito está ligado às relações comerciais internacionais, sobretudo a partir da década de vinte do passado século.

II– Em anos recentes e em muitos países, começou a desenvolver-se a arbitragem em litígios em que eram frequentemente partes o Estado ou entidades públicas (nomeadamente, empresas públicas e sociedades de capitais públicos), sobretudo em relação à protecção de investimentos estrangeiros.

A Convenção de Washington de 1965 para a resolução de diferendos relativos aos investimentos entre Estados e nacionais de outros Estados (CRDI) ilustra o que acaba de dizer-se. Esta Convenção tem grande importância prática, pois institui um procedimento arbitral institucionalizado a cargo do Centro Internacional para a Resolução de Diferendos sobre Investimentos (CIRDI ou ICSID), tendo ficado entendido, nos trabalhos preparatórios da Convenção, que o consentimento do Estado em relação à submissão à arbitragem pode ser dado unilateralmente através de uma lei interna sobre investimentos estrangeiros. A partir do final dos anos sessenta do Século XX, vários Estados passaram a enunciar um programa de tratados bilaterais para a promoção e protecção de investimento ("Tratados Bilaterais de Investimento" ou "TBI"), vindo muito desses Tratados a remeter para os mecanismos da Convenção de Washington e seus Regulamentos a resolução dos respectivos litígios, incorporando uma cláusula em que se estabelece o consentimento unilateral do

Estado que recebe os investimentos para se submeter a uma futura arbitragem requerida por investidor protegido por esse Tratado. Como referem REDFERN/HUNTER/BLACKABY/PARTASIDES:

> *"Deste modo, tornou-se realidade a visão do professor Brierly de uma cláusula diagonal que permitisse aos investidores apresentar pretensões, em virtude de um Tratado, directamente contra o Estado em que se realizou o investimento (o "Estado receptor"). A Suíça, por exemplo, introduziu uma cláusula diagonal pela primeira vez no TBI celebrado em 1981 com o Sri Lanka e tem-no feito sistematicamente desde então."* [17]

III– As virtualidades das soluções arbitrais têm-se sido reconhecidas, no plano da arbitragem interna, no domínio do direito administrativo.

Embora leis especiais previssem há várias décadas soluções de recurso à arbitragem para resolver diferendos entre os Estados e concessionários de obras ou serviços públicos, tratava-se, porém, de soluções esporádicas.

A partir da reforma do Contencioso Administrativo português de 1984-85, passou a prever-se de forma mais sistemática o recurso à arbitragem.

---

[17] (¹) *Teoria y Prática del Arbitraje Comercial International*, trad. española da 4.ª ed., Navarra, Thomson/Aranzadi, 2006, pág. 646.

O ETAF de 1984 (Decreto-Lei n.º 129/84, de 27 de Abril) estatuía no seu art. 2.º, n.º 2:

"São admitidos tribunais arbitrais no domínio do contencioso dos contratos administrativos e da responsabilidade civil por prejuízos decorrentes de actos de gestão pública, incluindo o contencioso das acções de regresso".

A LAV de 1986 prevê no seu art. 1.º, n.º 4:

"O Estado e outras pessoas colectivas de direito público podem celebrar convenções de arbitragem, se para tanto forem autorizadas por lei especial ou se elas tiverem por objecto litígios respeitantes a relações de direito privado."

A Reforma de 2002-2003 do Contencioso Administrativo ampliou a possibilidade de sujeição à arbitragem de litígios jurídico-administrativos.

O Código de Processo nos Tribunais Administrativos (CPTP, Lei n.º 15/2002, de 22 de Fevereiro, alterada pela Lei n.º 4-A/2003, de 19 de Fevereiro), entrado em vigor em 1 de Janeiro de 2004, dispõe no seu art. 180.º:

> *"1- Sem prejuízo do disposto em lei especial, pode ser constituído tribunal arbitral para julgamento de:*

a)   Questões respeitantes a contratos, incluindo a apreciação de actos administrativos relativos à respectiva execução;

b)   Questões de responsabilidade civil extracontratual, incluindo a efectivação do direito de regresso;

c)   Questões relativas a actos administrativos que possam ser revogados sem fundamento na sua invalidade, nos termos da lei substantiva.

> *2- Excepcionam-se do disposto no número anterior os casos em que existam contra-interessados, salvo se estes aceitarem o compromisso arbitral."*

O tribunal arbitral no domínio do direito administrativo é constituído e funciona nos termos da LAV, com as devidas adaptações (art. 181.º, n.º 1).

Reveste-se de especial importância o art. 182.º do CPTA que coloca o Estado numa situação de sujeição, atribuindo ao administrado um direito potestativo a desencadear uma arbitragem. Sob a epígrafe "direito à outorga de compromisso arbitral", dispõe este preceito:

"O interessado que pretenda recorrer à arbitragem no âmbito dos litígios previstos no artigo 180.º pode exigir da Administração a celebração de compromisso arbitral, nos termos da lei."

Não são susceptíveis de sujeição a arbitragem (ou seja, são inarbitráveis) os litígios respeitante a responsabilidade civil por prejuízos decorrentes de actos praticados no exercício da função política e legislativa ou da função jurisdicional (art. 185.º).

A par da arbitragem *ad hoc* baseada na celebração de um compromisso arbitral entre a Administração e os particulares, pode haver lugar a <u>arbitragem institucionalizada</u> mediante a autorização da instalação de centros de arbitragem permanente destinados à composição de litígios no âmbito das matérias de contratos, responsabilidade civil da Administração, funcionalismo público, sistemas públicos de protecção social e urbanismo.[18]

7.   A arbitragem no Direito Internacional Público

I– No domínio do Direito Internacional Público aparecem-nos,

---

18 (1) Remete-se para José Luís Esquível, <u>Os Contratos Administrativos e a Arbitragem</u>, e Mário Aroso de Almeida/Fernandes Cadilha, <u>Comentário ao Código de Processo nos Tribunais Administrativos</u>, 2.ª ed., Coimbra, Almedina, 2007, págs. 1005 e segs.

em especial nas relações entre Estados Soberanos, meios de resolução pacífica de conflitos, abrangendo meios não jurisdicionais (negociação diplomática; inquérito internacional; bons ofícios e mediação; conciliação), nomeadamente no seio de organizações internacionais, e ainda meios jurisdicionais de resolução, caracterizados pelo seu carácter impositivo.

Nos meios jurisdicionais aparecem-nos a arbitragem – que se distingue ainda entre arbitragem facultativa e arbitragem "obrigatória" quanto a litígios eventuais – e a resolução através de uma jurisdição permanente, como é, hoje, o Tribunal Internacional de Justiça, com sede em Haia.

II– Um dos casos arbitrais mais célebres foi o caso <u>Alabama</u>, julgado em 1872 por um tribunal arbitral de cinco membros, dos quais três de nacionalidades diferentes em relação aos Estados partes (Estados Unidos da América, Reino Unido da Grã-Bretanha e Irlanda do Norte). O litígio incidia sobre a violação dos deveres de neutralidade por parte do Reino Unido, acusado de equipar e fornecer um navio dos rebeldes sulistas durante a guerra de Secessão. Este tribunal baseou-se num compromisso arbitral objecto de um tratado bilateral (Tratado de Washington de 1871).

III– A Conferência de Haia de 1899 adoptou uma convenção para a resolução pacífica de conflitos internacionais, onde se regulava a arbitragem (arts. 15.º a 57.º). Esta convenção foi alterada em 1907 pela segunda conferência de Haia.

Em 1928, a Sociedade das Nações aprovou o Acto Geral de Arbitragem, o qual foi revisto em 1949 pela ONU.

O art. 37.º da Convenção de Haia ainda hoje mantém actualidade:

> *"A arbitragem internacional tem por objecto a solução dos litígios entre Estados por juízes da sua escolha e na base do respeito do direito.*
>
> *O recurso à arbitragem implica o compromisso de se submeter de boa fé à sentença."*

IV- O Tribunal Internacional de Justiça tem reconhecido que os Estados são livres de se comprometer, ou não, em árbitros (Caso Ambatielos, 1953) e que é lícita a cláusula compromissória (Parecer consultivo de 26 de Abril de 1988 sobre a Aplicabilidade da Obrigação de Arbitragem em virtude do Acordo de 26 de Junho de 1947 relativo à sede da ONU).

Os internacionalistas costumam distinguir entre cláusulas compromissórias especiais (o recurso à arbitragem está previsto para resolver os litígios relativos à aplicação e à interpretação da convenção que contém tal cláusula) e as cláusulas compromissórias gerais (quando visa todos os conflitos susceptíveis de surgir por força desse tratado).

Como referem NGUYEN QUOC DINH / P. DAILLIER / A. PELLET:

> *"Um mesmo tratado contém por vezes cláusulas compromissórias de dois tipos: assim, a maior parte das convenções bilaterais sobre a protecção e o fomento dos investimentos estrangeiros contém um compromisso de arbitragem intergovernamental de tipo especial e um compromisso sobre os conflitos entre o Estado anfitrião e os investidores privados de tipo geral"* [19]

V– Quanto à composição do tribunal arbitral, pode ser um árbitro único (por exemplo, o Rei de Espanha quanto a conflitos na América Latina no Século XIX; a Rainha de Inglaterra quanto a conflitos de fronteiras entre a Argentina e o Chile), uma comissão mista ou um tribunal colegial. Tem havido tentativas de institucionalização, como foi o caso do Tribunal Permanente de Arbitragem previsto na Convenção de Haia de 1899, o qual se limita a dispor de uma lista internacional de árbitros, a que se juntam listas "nacionais" [20].

---

19 [¹] Direito Internacional Público, trad. portuguesa, F. C. Gulbenkian, Lisboa, 1999, pág. 767.

20

[¹] Veja-se Ian Brownlie, Princípios de Direito Internacional Público, tradução

8. **Arbitragem interna e arbitragem internacional ou transnacional. Critérios de internacionalidade**

I— Há arbitragens que não têm qualquer elemento de <u>extraneidade</u>. Falamos de arbitragens puramente internas (por exemplo, é constituído um tribunal arbitral *ad hoc* com sede no Porto, composto por tês árbitros portugueses, para dirimir um litígio entre duas sociedades portuguesas quanto ao cumprimento de um contrato de empreitada para construção de um imóvel em Portugal).

Há, porém, casos em que há arbitragens que têm elementos de <u>extraneidade</u> (por exemplo, uma das partes é estrangeira; os árbitros são todos estrangeiros, o lugar da arbitragem situa-se num país estrangeiro; o lugar de execução do contrato situa-se no estrangeiro, etc.).

Com refere LIMA PINHEIRO, "a arbitragem transnacional constitui o <u>modo normal de resolução de diferendos no comércio internacional</u>, ante o qual o recurso aos tribunais estaduais se apresenta como um meio secundário e subsidiário (...)" [21].

II— Importa distinguir a arbitragem <u>interna</u> da arbitragem

---

portuguesa, Fundação C. Gulbenkian, Lisboa, 1997, págs. 736-738.

21 [1] <u>Arbitragem Transnacional</u> cit., pág. 7.

internacional ou transnacional (utilizando as palavras em sinonímia) [22].

As legislações tendem a adoptar um de dois critérios, aparecendo às vezes ambos os critérios combinados entre si.

É usual contrapor-se um critério objectivo ou material fundado sobre a internacionalidade do litígio a um critério subjectivo ou formal, ligado à nacionalidade das partes e/ou domicílio destas.

O Código de Processo Civil francês consagrou em 1981 um critério objectivo de internacionalidade da arbitragem, solução que, de certo modo, foi pioneira.

Segundo o art. 1492.º desse diploma:

"É internacional a arbitragem que põe em causa interesses do comércio internacional."[23]

---

[22]

[1] Arbitragem Transnacional cit., págs.197 e segs..

[23]

[1] Em Abril de 2009, a Associação Portuguesa de Arbitragem (APA), apresentou um projecto de nova lei de arbitragem (citado como Projecto APA) a convite do Ministério da Justiça. Tal Projecto baseou-se na versão em vigor da Lei-Modelo da CNUDCI/UNCITRAL mas manteve o conceito de arbitragem internacional da LAV. Segundo o art. 49.º deste Projecto APA, "entende-se por arbitragem internacional a que põe em jogo interesses do comércio internacional". Foi iniciado o processo legislativo, mas não chegou a ser votado na presente Legislativa esse projecto.

Também o art. 32.º da LAV portuguesa dispõe:

"Entende-se por arbitragem internacional a que põe em jogo interesses do comércio internacional".

Há leis, como é hoje o caso do Código de Processo Civil italiano, que se limitam a distinguir entre arbitragens que decorrem no território nacional e arbitragens estrangeiras, sem aludir ao objecto do litígio.

No caso da Suíça, a Lei de Direito Internacional Privado (LDIP) optou claramente por um critério subjectivo ou formal para caracterizar a internacionalidade do litígio, atendendo a que aos litígios puramente internos será aplicável a Concordata de 1969 ou, quando entrar em vigor, o Código de Processo Civil federal, aprovado em 19 de Dezembro de 2008 para ser submetido a referendo (prevê-se a entrada em vigor em 1 de Janeiro de 2011).

Segundo o art. 176.º, n.º 1, da LDIP:

"As disposições do presente capítulo aplicam-se a qualquer arbitragem [...] se, pelo menos, uma das partes não tinha, no momento da conclusão da convenção de arbitragem, nem domicílio, nem residência habitual na Suíça."

Deve notar-se que o n.º 2 deste art. 176.º LDIP permite às partes de uma arbitragem internacional afastar o Capítulo 12 da LDIP, declarando submeter-se às regras do processo cantonal (faculdade de *opting-out*). Para a validade dessa convenção, a mesma deve ser escrita, deve ser clara ao excluir especificamente o regime da LDIP e deve ainda prever que tal exclusão se faça em benefício do direito interno da arbitragem.

III– A Lei-Modelo da CNUDCI/UNCITRAL (1985) utiliza um critério essencialmente subjectivo, embora recorra a elementos de natureza objectiva.

Segundo o n.º 3 do art. 1:

"Uma arbitragem é internacional se:

a)   as partes numa convenção de arbitragem tiverem, no momento da conclusão desta Convenção, o seu estabelecimento em Estados diferentes; ou

b)   um dos lugares a seguir referidos estiver situado fora do Estado no qual as partes têm o seu estabelecimento

> *i) o lugar de arbitragem, se este estiver fixado na convenção de arbitragem ou for determinável de acordo com esta;*

> *ii) qualquer lugar onde deva ser executada uma parte substancial das obrigações resultante da relação*

> *comercial ou o lugar com o qual o objecto do litígio se ache mais estreitamente conexo;*
>
> c) *as partes tiverem convencionado expressamente que o objecto da convenção de arbitragem tem conexões com mais de um país.*"[24]

IV– Importa referir que prevalece hoje a ideia de que não deve haver regulamentações diferentes na mesma ordem jurídica consoante as arbitragens sejam puramente internas ou ponham em causa interesses do comércio internacional. Mesmo Portugal, apesar de dar relevância à arbitragem internacional, acaba por consagrar a esta quatro artigos, dos quais apenas dois têm especial relevância (art. 33.º, n.º 1 – atribuição às partes do poder de escolha do direito aplicável ao litígio, se não tiverem autorizado os árbitros a julgar segundo a equidade; art. 34.º-irrecorribilidade em princípio da decisão arbitral).

A França e a Suíça optaram por ter uma regulamentação específica para a arbitragem internacional porque em ambos "a escolha foi motivada pela existência de regras locais não adaptadas a um uso internacional que, tendo em conta a tradição dos países em questão ou da respectiva Constituição, dificilmente poderiam

---

24 (¹) Deve notar-se que o n.º 4 estabelece, para o efeito de aplicação do n.º 3, que, se uma parte tiver mais de um estabelecimento, o estabelecimento a tomar em consideração é aquele que tem relação mais estreita com a convenção de arbitragem – alínea a); e que, se uma parte não tiver estabelecimento, releva para este efeito a sua residência habitual – alínea b).

ser modificadas" [25].

Bastará dizer que, em França, era tradicional a regra jurisprudencial da invalidade das cláusulas compromissórias no domínio do direito civil, solução que passou a constar do art. 2061.º do Código Civil, na redacção da Lei n.º 72-6626, de 5 de Julho de 1972, sendo certo que, só em 2001, foi dada nova redacção ao art. 2061.º do Código Civil, passando a ser válida a cláusula compromissória apenas "nos contratos celebrados por causa de uma actividade profissional" (redacção introduzida pela Lei n.º 2001-420, de 15 de Maio de 2001). Deve notar-se que, no domínio comercial, desde 1925 que é válida a cláusula compromissória em França.

No caso da Suíça, foi por causa da repartição das competências constitucionais entre a Confederação e os cantões que acabou por ser feita a modernização da regulamentação da arbitragem internacional em 1987.

V- Deve notar-se que os critérios combinados, subjectivos e objectivos, constantes da Lei-Modelo não foram, por exemplo, acolhidos na Alemanha em 1997 e em Espanha em 2003, passando a vigorar em ambos os países uma regulamentação unitária para a arbitragem interna e para a arbitragem internacional, apesar de estes países terem adoptado a Lei-Modelo nos seus direitos internos.

---

[25] [1] Jarvin, citado por Poudret e Besson, *Comparative Law* cit., pág.25.

9. Arbitragem interna e estrangeira na LAV portuguesa

I– Deve notar-se que a LAV só é aplicável "às arbitragens que tenham lugar em território nacional" (art. 37.º). É este o âmbito da aplicação no espaço da LAV.

As arbitragens que tenham lugar em território estrangeiro, ou seja, as arbitragens cuja "sede" não seja em Portugal, são arbitragens estrangeiras. As respectivas decisões carecem de ser reconhecidas em Portugal para poderem ser aqui executadas, através da observância do disposto na Convenção de Nova Iorque de 1958. Veremos mais tarde que o reconhecimento das sentenças arbitrais cabe aos tribunais de primeira instância, segundo a jurisprudência do Supremo, apesar de o processo geral de reconhecimento de sentenças de tribunais estaduais estrangeiros caber às Relações (arts. 1094.º e segs. CPC). No âmbito comunitário, recorde-se, há regras próprias para o reconhecimento e a execução de sentenças de tribunais estaduais de Estados Membros (Regulamento n.º 44/2001, do Parlamento e do Conselho), embora tais regras não sejam aplicáveis às sentenças arbitrais.

II– A Prof.ª ISABEL MAGALHÃES COLLAÇO teve ocasião de pôr em realce as diferenças entre as soluções acolhidas no Código de Processo Civil francês e na LAV portuguesa:

"Com efeito, a Lei n.º 31/86, no seu conjunto, só se aplica directamente às arbitragens que têm lugar no território nacional (artigo 37.º). Mas ela não subtrai ao seu domínio de aplicação nenhuma arbitragem que se desenvolva em Portugal, quaisquer que sejam o seu objecto ou os seus pontos de conexão com outros países.

A arbitragem internacional, tal como se acha prevista e regulada no Capítulo VII desta lei, é, pois, uma arbitragem que só escapa às regras formuladas nos capítulos precedentes para a arbitragem em geral na medida em que o determinam as disposições específicas contidas nos artigos 33.º a 35.º.

Neste sentido, a arbitragem internacional que tem lugar em Portugal não pode ser confundida com uma arbitragem estrangeira: a decisão que lhe põe fim está dotada da autoridade de caso julgado e de força executória nos termos do artigo 26.º da Lei n.º 31/86, não sendo exigido nenhum processo de reconhecimento para esses efeitos [...]

Eis por que nos parece que não se pode aceitar a oposição entre uma arbitragem interna e uma arbitragem internacional no quadro da Lei n.º 31/86." [26]

---

26 (¹) *"L'Arbitrage international dans la récente loi portugaise sur l'arbitrage volontaire (Loi n.º 31/86, du 20 août 1986) – Quelques réflexions »*, in *Droit International et Communautaire*, ob. colect., Paris, Fondation Calouste Gulbenkian, 1991, pág. 59.

III– A reforma de 2006 do Código de Processo Civil italiano em matéria de arbitragem eliminou a noção da arbitragem internacional que constava do antigo art. 832.º (introduzido pelo art. 24.º da Lei de 5 de Janeiro de 1994, n.º 25). Na redacção revogada, considerava-se internacional a arbitragem em que, pelo menos, uma das partes residisse ou tivesse a sede própria efectiva no estrangeiro (critério subjectivo ou formal) ou quando devesse ser executada no estrangeiro uma parte relevante das prestações com origem na relação a que se refere o litígio (critério objectivo ou material).

A partir da Reforma de 2006, a lei italiana apenas distingue sentenças proferidas em arbitragens internas e sentenças arbitrais estrangeiras (cfr. 839.º CPC).

10. **Natureza jurídica da arbitragem voluntária**

I– Tendo em conta o estado actual das regulamentações modernas sobre arbitragem voluntária, das doutrinas europeia e norte-americana (além das doutrinas de países latino-americanos e asiáticos), pode concluir-se que a arbitragem voluntária é um meio jurisdicional de resolução de litígios através da intervenção de um ou mais particulares que, directa ou indirectamente, recebem das partes, por via da convenção de arbitragem por elas celebrada, o poder de julgar esse litígio, embora desprovidos de *ius imperii*.

Como escreve LEBRE DE FREITAS em relação especificamente

ao Direito português;

> *"É controvertida a questão de saber se os árbitros gozam de poder jurisdicional e se a função que desempenham é uma função jurisdicional, bem como a de saber se a convenção de arbitragem, sem a qual não há tribunal arbitral, constitui um acto de direito material ou de direito processual.*
>
> *Atendendo a que aos árbitros cabe, tal como aos juízes dos tribunais do Estado, «dirimir conflitos de interesses privados», ainda que a convenção de arbitragem os possa dispensar de julgar segundo o direito objectivo e, logo, em estrita defesa dos direitos e interesses legalmente protegidos dos cidadão, a sua actuação é de administração da justiça (art. 202-2 CRP), exercendo em conformidade com os princípios fundamentais do processo civil (art. 16.º LAV) e, portanto, de natureza jurisdicional (...). Mas essa qualificação não põe em causa a constatação de que a fonte de poder jurisdicional do tribunal arbitral é distinta da fonte de poder jurisdicional dos tribunais do Estado, dotados de jus imperii que lhes advém da integração na orgânica estadua.l"* [27]

II– À frente aprofundaremos a relevância da convenção de

---

[27] [1] "Algumas Implicações da Natureza da Convenção de Arbitragem", in Estudos em Homenagem à Professora Doutora Isabel de Magalhães Collaço, vol. II, Coimbra, Almedina, 2002, págs. 625-626.

arbitragem na instituição do tribunal arbitral voluntário.

Talvez valha a pena chamar a atenção para as vantagens de adopção de uma solução arbitral.

Na literatura sobre arbitragem costumam elencar-se algumas vantagens atribuídas ao recurso à arbitragem. Sem preocupação de exaustão, indicam-se as seguintes:

- a arbitragem constitui uma forma mais expedita de resolução de litígios, esperando-se dos árbitros uma maior sensibilidade quanto à dinâmica da vida económica empresarial e do comércio interno ou internacional e uma atitude menos vinculada ao formalismo processual e hábitos da vida judiclária;

- a arbitragem pressupõe uma maior intervenção das partes do litígio no desenho do próprio processo arbitral e na escolha dos árbitros (juízes privados);

- a experiência histórica acumulada dos mecanismos arbitrais permite uma evolução flexível do próprio instituto, como é comprovado pelos inquéritos a líderes empresariais:

- é expectável uma maior garantia da justiça da decisão, nomeadamente quando uma das partes estrangeiras do litígio desconfia da isenção dos tribunais estaduais do ordenamento da contraparte;

- permite uma garantia de especialização dos árbitros, na

medida em que são escolhidos em certos meios económicos, como sucede nas arbitragens de qualidade ou nas arbitragens de direito marítimo;

- pressupõe uma maior celeridade da decisão, evitando a lentidão da justiça estadual, permitindo a supressão tendencial de recursos, e, eventualmente, uma poupança nos custos do processo;

- assegura uma ausência de publicidade, ou mesmo a confidencialidade do processo arbitral, evitando riscos de sancionamento fiscal relativamente a condutas assumidas pelas partes;

- propicia uma escolha mais ampla do modo da decisão, nomeadamente pela possibilidade de as partes convencionarem as decisões de equidade (decisões *ex aequo et bono; amiables compositeurs*) ou em que se aplicam regras de direito não estadual (aplicação da *lex mercatoria*, por exemplo). [28]

Há, todavia, inconvenientes que contrabalançam estas vantagens, nomeadamente quando existe pluralidade de partes e nem todas estão vinculadas por convenções de arbitragem. A possibilidade de intervenção de terceiros no processo ocorre com menores limites no processo estadual.

---

[28] [¹] Remete-se para Daniel Girsberger/Nathalie Voser, *International Arbitration in Switzerland*, Zurique, Basileia, Genebra, Schulthess, 2008, págs. 27 e segs.

Por outro lado, os custos da arbitragem costumam ser mais elevados do que os custos de um litígio em tribunal estadual. A ausência de poderes de coercibilidade por parte dos árbitros constitui uma clara desvantagem em relação aos tribunais estaduais, podendo ser necessário pedir a assistência destes. Igualmente, em casos de pluralidade de arbitragens, pode haver decisões conflituantes, sendo discutido se existe litispendência entre processos arbitrais sobre o mesmo litígio.

Capítulo II

As Fontes do Direito da Arbitragem Voluntária

11.   As leis nacionais, em especial a LAV (Lei n.º 31/86, de 29 de Agosto, alterada pelo art. 17.º do Decreto-Lei n.º 38/2003)

I– Pode dizer-se, sem receio de errar, que continuam a ser preponderantes as leis nacionais na regulamentação da arbitragem voluntária.

Tradicionalmente, nos países da família romano-germânica ou da *civil law*, a regulamentação encontrava-se nos Códigos de Processo Civil. Bastará ler o estudo de direito comparado sobre arbitragem elaborado em 1965 pelo Prof. PALMA CARLOS para comprovar que era assim a orientação tradicional [29]. No mundo anglo-americano, da *common law*, aparecem-nos leis autónomas sobre a arbitragem voluntária. Em Inglaterra, surge o *Arbitration Act* de 1950, remodelado em 1979. Os Estados Unidos da América são precursores, aprovando uma lei federal em 1925, o *Federal Arbitration Act* (FAA), também conhecido pela abreviatura USAA, *United States Arbitration Act*. Esta lei acolheu a distinção entre

---

29 (¹) "La Procédure arbitrale en Droit Comparé", in *Jornal do Foro*, publicado nos anos 30 e 31 (1966), ano 30, págs. 5 a 33 e 237-254 e ano 31, págs. 83-98 (nᵒˢ 154-155, 158 e 161).

arbitragem interna (*domestic arbitration*) e arbitragem internacional. Em 1970 foi acrescentado um segundo capítulo à FAA, através do qual se incorporou a Convenção de Nova Iorque de 1958 sobre o reconhecimento e execução das sentenças arbitrais.

A partir dos anos oitenta do século XX, assistimos em todo o mundo a um movimento de modernização do Direito da Arbitragem Voluntária, procurando os legisladores diminuir drasticamente o controlo dos tribunais estaduais sobre o desenvolvimento dos processos arbitrais. A preparação na Europa de instrumentos internacionais sobre a arbitragem voluntária, a par da aprovação da Convenção de Nova Iorque de 1958, impulsionou os estudos sobre a arbitragem voluntária, os quais são especialmente trabalhados no seio da Comissão das Nações Unidas para o Direito do Comércio Internacional (CNUDCI ou, em função do nome em língua inglesa, UNCITRAL).

II- A Suíça aprovou a Concordata Inter-Cantonal sobre arbitragem interna e internacional (CIA) em 1969. A Bélgica remodelou a sua legislação sobre arbitragem em 1972, influenciada pelas disposições da Convenção Europeia sobre a Criação de uma Lei Uniforme de Arbitragem assinada em Estrasburgo em 1966 (e que nunca chegou a entrar em vigor). A Inglaterra remodelou em 1979 o *Arbitration Act* de 1950.

A vaga de modernização dos direitos internos de arbitragem é um fenómeno dos anos oitenta do Século XX e acompanha a evolução dos trabalhos preparatórios da Lei-Modelo da CNUDCI/UNCITRAL.

Em 1980-1981 é preparada a lei francesa (Decreto de 14 de Maio de 1980, seguido do Decreto de 12 de Maio de 1981 que aprova o Livro IV do novo Código de Processo Civil de 1975-1976 sobre arbitragem).

Em 1985, é aprovada a Lei-Modelo da CNUDCI/UNCITRAL em Viena.

Em 1986, é aprovada a LAV portuguesa e a remodelação do Código de Processo Civil holandês (arts. 1020.º a 1073.º sobre arbitragem).

Em 1987, a Suíça aprova uma regulamentação própria para a arbitragem internacional (Capítulo 12 da LDIP).

Em 1988 a Espanha revoga a Lei da Arbitragem de 1950 e aprova uma nova Lei de Arbitragem. Esta lei é, por seu turno, revogada em 2003 por outra Lei de Arbitragem, que incorpora a Lei-Modelo da CNUDCI/UNCITRAL.

A partir dos anos noventa, vários países europeus acolhem nos seus direitos internos, com mais ou menos modificações, a Lei-Modelo da CNUDCI/UNCITRAL: a Finlândia em 1992, a Alemanha em 1997, a Irlanda em 1998, a Grécia em 1999. Também a Região Autónoma de Macau acolhe a Lei-Modelo em 1998 (apenas para as arbitragens relativas ao comércio internacional, visto dispor de uma lei de arbitragem interna de 1996) tal como Hong-Kong o fez em 1989 (Lei-Modelo para as Relações Comerciais Externas). Na

América, o Canadá adoptou a Lei-Modelo em 1986.

A Inglaterra aprovou em 1996 o novo *Arbitration Act*, também fortemente influenciado pela Lei-Modelo.

A CNUDCI/UNCITRAL publica uma lista, periodicamente actualizada, de Estados ou entidades infraestaduais com autonomia legislativa (Regiões Administrativas Especiais de Macau e Hong-Kong, estados federados dos EUA) que adoptaram a Lei-Modelo, com mais ou menos alterações.

Para tal é seguido um critério com alguns requisitos de identificação: primeiro, apurar se, ao ler-se a lei em questão, a impressão é a de que o legislador tomou como base a Lei-Modelo e realizou determinadas modificações e aditamentos, mas não se limitou a utilizar a Lei-Modelo como uma entre várias fontes ou a seguir meramente os "princípios" aí estabelecidos; segundo, se se verifica que a lei interna em causa inclui a maioria das disposições acolhidas na Lei-Modelo (no mínimo, 70 a 80 por cento); terceiro, se se verifica que a lei interna em causa não contém nenhuma disposição incompatível com a arbitragem comercial internacional moderna (por exemplo, que os árbitros não possam ser estrangeiros, que não se possa proibir o recurso fundado em erros de direito).

O *Arbitration Act* da Inglaterra e de País de Gales de 1996 não é incluído na lista por não obedecer ao primeiro requisito do critério enunciado. O mesmo se poderá dizer da LAV portuguesa.

Em 2007 e em 2008 já houve alguns países que adoptaram a

Lei-Modelo como o novo capítulo IV-bis sobre medidas provisórias, aprovado em 2006.

III– Em Portugal, os sucessivos Códigos de Processo Civil (de 1876, de 1939 e de 1961) sempre regularam a arbitragem voluntária, encarada como uma instituição ancilar e fortemente tutelada pelos tribunais judiciais.

Já vimos que em 1984 foi publicado um diploma que pretendia proceder à modernização da Lei da Arbitragem (Decreto-Lei n.º 243/84, de 17 de Julho), o qual veio a ser declarado inconstitucional, com força obrigatória geral, **quanto à totalidade das suas normas,** em 1986.

A LAV foi aprovada pela Lei n.º 31/86, de 29 de Agosto, e constitui, sem dúvida, uma lei "amigável" em relação à moderna arbitragem.

Todavia, por influência do Código de Processo Civil, manteve uma solução que inviabilizava o normal desenvolvimento do processo arbitral quando uma das partes não estivesse interessada na arbitragem: em caso de divergência das partes sobre o objecto do litígio arbitral, a sua determinação era confiada aos tribunais judiciais (sendo certo que, até à Revisão do Código de Processo Civil de 1995-1996, ou seja, até 1 de Janeiro de 1997, não estava adjectivado o processo de resolução de divergências sobre o objecto do litígio).

O legislador aproveitou a publicação da Reforma da Acção

Executiva para alterar esta criticadíssima solução de direito constituído.

O art. 17.º do Decreto-Lei n.º 38/2003, de 8 de Março alterou a redacção dos arts. 11.º, n.º 3, e 12.º, n.º 4, da LAV, nos seguintes termos, além de revogar o primitivo n.º 5 do art. 12.º.

O art. 11.º, respeitante à constituição do tribunal arbitral, viu alterada a redacção do seu n.º 3, em termos formais, por transposição da parte final da primitiva redacção, e aditou uma nova parte final:

> *"A notificação deve indicar a convenção de arbitragem e, **se ele não resultar já determinado da convenção**, precisar o objecto do litígio, **sem prejuízo da sua ampliação pela parte contrária.**"*

O art. 12.º viu alterada a sua epígrafe, deixando de figurar aí a expressão "e determinação do objecto do litígio pelo tribunal judicial". A epígrafe é actualmente a seguinte: "Nomeação de árbitros pelo presidente do Tribunal da Relação".

O primitivo n.º 4 dispunha:

> *"Se no prazo referido no n.º 2 as partes não chegarem a acordo sobre a determinação do*

objecto do litígio, caberá ao tribunal decidir. Desta decisão cabe recurso de agravo, a subir imediatamente."

Na vigência desta redacção, a Revisão de 1995-1996 do Código de Processo Civil passou a prever um processo especial para determinação do objecto do litígio a submeter a arbitragem (arts. 1508.º a 1510.º, revogados pelo Decreto-Lei n.º 38/2003).

A actual redacção do n.º 4 do art. 11.º estatui o seguinte:

"Se a convenção de arbitragem for manifestamente nula, deve o presidente do tribunal da relação declarar não haver lugar à designação de árbitros; da decisão cabe reclamação para a conferência, precedendo distribuição, e do acórdão que esta proferir cabe recurso nos termos gerais." (corresponde ao primitivo n.º 5, revogado em 2003) [30]

Sobre a alteração da LAV em 2003 remete-se para ANTÓNIO SAMPAIO CARAMELO.[31]

---

30 [1] Um despacho do Presidente da Relação de Lisboa, proferido em 13 de Março de 2009, recusou a aplicação deste n.º 4 por considerar contrário ao princípio da competência dos árbitros na determinação da sua própria competência.

31

[1] *"Recent Amendment to the Portuguese Law on Voluntary Arbitration"*, in *Arbitration International*, n.º 19/4, 2003, págs. 507-509.

Resulta da eliminação do antigo n.º 4 do art. 12.º da LAV que a controvérsia sobre a determinação do objecto do litígio entre as partes será resolvida pelo próprio tribunal arbitral, o qual "está vinculado, como está sempre durante o processo arbitral, pelos limites ou fronteiras estabelecidas na convenção de arbitragem" (A. SAMPAIO CARAMELO).

IV– Já vimos que o Código de Processo nos Tribunais Administrativos contém um título dedicado à arbitragem administrativa (arts. 180.º a 187.º, Título IX).

No domínio das relações laborais, o novo Código do Trabalho (aprovado pela Lei n.º 7/2009, de 12 de Fevereiro), prevê a possibilidade de as partes acordarem "em submeter a arbitragem as questões laborais resultantes, nomeadamente, da interpretação, integração, celebração ou revisão de convenção colectiva" (art. 506.º). O art. 507.º regula, assim, o funcionamento da arbitragem voluntária no domínio das convenções colectivas. Os arts. 508.º e 509.º prevêem casos de arbitragem obrigatória por determinação do Ministro responsável pela área laboral, sendo discutível se pode falar-se propriamente em arbitragem necessária, no sentido do Código de Processo Civil. Os arts. 510.º e 511.º regulam a arbitragem necessária imposta pelo Ministro responsável pela área laboral. No campo dos conflitos colectivos de trabalho as partes podem optar por submeter os litígios a tribunais arbitrais voluntários (art. 529.º do Código do Trabalho, que remete para os arts. 506.º e 507.º).

Igualmente o Código da Propriedade Industrial, aprovado pelo Decreto-Lei n.º 36/2003, de 5 de Março) prevê a possibilidade de ser constituído tribunal arbitral voluntário "para o julgamento de todas as questões susceptíveis de recurso judicial" (art. 48.º). Foi instituído pelo Governo o Arbitrare – Centro de Arbitragem para a Propriedade Industrial, Nomes de Domínio, Firmas e Denominações, instituição de arbitragem a que estão vinculados o Instituto de Registos e notariado, IP e o Instituto Nacional da Propriedade Industrial, IP, para apreciação de litígios com os particulares nestas áreas (Portaria n.º 1046/2009, de 15 de Setembro).

Mais recentemente e de forma muito discutível, a Lei n.º 18/2008, de 21 de Abril, sobre alterações à acção executiva reformada em 2003, prevê mesmo a intervenção de tribunais arbitrais voluntários (arbitragem institucionalizada) no domínio da acção executiva (art. 9.º). Tal solução não parece ter paralelo em termos de direito comparado, visto ser um dogma que os tribunais arbitrais voluntários carecem de competência executiva.

V– Em Abril de 2009 e na sequência de um pedido do Ministro da Justiça, a Associação Portuguesa de Arbitragem (APA) elaborou um projecto de nova Lei de Arbitragem Voluntária, a partir de um anteprojecto redigido pelo Dr. ANTÓNIO SAMPAIO CARAMELO. Tal projecto (que será citado por Projecto APA) inspira-se claramente na Lei-Modelo da UNICITRAL, mas permanece fiel à actual LAV no que toca à distinção entre arbitragem interna e arbitragem internacional, quando tais processos decorram em Portugal.

Infelizmente, o fim da legislatura não permitiu a prossecução do processo legislativo, que chegou a ser iniciado.

A ideia de substituição da LAV por uma nova lei inspirada na Lei-Modelo visa sobretudo tornar Portugal mais competitivo como país de sede de arbitragens do espaço lusófono, à luz do que aconteceu em Espanha com a substituição em 2003 da Lei de Arbitragem de 1988.

No Projecto APA elimina-se a regra de que as sentenças arbitrais podem sempre ser impugnadas por recurso a interpor para os tribunais judiciais, se as partes não tiverem renunciado antes aos recursos, criando-se apenas uma forma de impugnação, como sucede na Lei-Modelo.

Igualmente é remodelado o sistema de assistência dos tribunais judiciais aos processos arbitrais.

Importa desde já chamar a atenção para a proposta de alteração do critério de arbitrabilidade, pois aceita-se que tal critério seja o de patrimonialidade da pretensão, abandonando-se o da disponibilidade dos direitos.

Certamente, que no futuro próximo será equacionada de novo a questão de substituição da nossa LAV.

Iremos referindo, a propósito das diferentes matérias, as soluções inovadoras constantes do Projecto APA.

12. A importância da Lei-Modelo da CNUDCI/UNCITRAL DE 1985, alterada em 2006. O acolhimento da Lei-Modelo em diferentes ordenamentos nacionais

I– Já atrás se referiu a importância da Lei-Modelo da CNUDCI/UNCITRAL, aprovada em Viena em 1985, revista em 2006.

Mais de 60 países adoptaram até agora, com mais ou menos alterações, o articulado da Lei-Modelo, o qual se inspirou largamente no Regulamento de Arbitragem da CNUDCI/UNCITRAL de 1976.

II– As alterações de 2006 versaram sobretudo a questão da forma da convenção de arbitragem regulada no seu art. 7.º e a matéria das medidas provisórias.

No seio da Comissão (CNUDCI/UNCITRAL) e do Grupo de Trabalho encarregado de preparar o novo articulado foi arduamente debatido se devia suprimir-se no art. 7.º da Lei a exigência de forma escrita da convenção de arbitragem. A solução que acabou por prevalecer foi a de incluir na lei duas versões alternativas do art. 7.º, uma na linha do anterior artigo 7.º, embora com actualizações respeitantes às comunicações electrónicas, e uma que prescinde totalmente da exigência de forma escrita.

No sentido da menor exigência formal no que toca à invocação da sentença arbitral em outro país para reconhecimento ou execução, consagrou-se uma nova redacção do n.º 2 do art. 35.º.

III– Relativamente às medidas provisórias, em vez do art. 17.º da versão originária passou a existir um novo Capítulo IV-bis, com onze artigos, onde se regulam detalhadamente as medidas provisórias, incluindo uma medida cautelar de curta duração (a *preliminary order*) que pode ser decretada pelo tribunal arbitral sem prévia audição do requerido.

IV– Por último, foi aditado à Lei-Modelo um novo preceito sobre a interpretação das respectivas normas (art. 2.º-A).

13. Os tratados internacionais, em especial a Convenção de Nova Iorque de 1958 sobre reconhecimento e execução de sentenças arbitrais estrangeiras

I– Como vimos atrás, numerosas convenções internacionais aprovaram, no domínio do direito internacional público, compromissos arbitrais entre Estados, constando hoje de muitos tratados cláusulas compromissórias de natureza especial ou geral.

II– No que toca à arbitragem comercial internacional, aparecem-nos, a partir do pós-guerra de 1939-1945, convenções internacionais que visam remodelar a matéria do reconhecimento e execução de sentenças arbitrais.[32]

Deve recordar-se que, entre a I e II Guerra Mundial, apareceram as primeiras convenções sobre arbitragem internacional de direito privado.

Em 1923, em Genebra, foi assinado o Protocolo relativo às Cláusulas de Arbitragem, estabelecendo o seu n.º 1: "Cada um dos Estados contratantes reconhece a validade, entre partes submetidas respectivamente à jurisdição de Estados contratantes diferentes, do compromisso ou da cláusula compromissória pela qual as partes num contrato se obrigam em matéria comercial ou em qualquer outra susceptível de ser resolvida por meio de arbitragem por compromisso, a submeter no todo ou em parte as divergências que possam resultar de tal contrato a uma arbitragem, ainda que esta tenha lugar num país diferente daquele a cuja jurisdição está sujeita qualquer das partes no contrato". Na segunda parte deste número 1, prevê-se a reserva para o Estado contratante da liberdade de limitar a obrigação atrás mencionada

---

32 [1] Cfr. Dário Moura Vicente, "Portugal e as Convenções Internacionais em matéria de arbitragem", in Centro de Arbitragem Comercial, *I Congresso do Centro de Arbitragem da Câmara de Comércio e Indústria Portuguesa – Intervenções*, Coimbra, Almedina, 2008, págs. 71 e segs.

aos contratos considerados comerciais pela sua legislação nacional.

O n.º 2, primeira parte, deste Protocolo estabelece que o "processo de arbitragem, incluindo a constituição do tribunal arbitral, será regulado segundo a vontade das partes e segundo a lei do país em cujo território a arbitragem se efectuar."

O n.º 4 do mesmo Protocolo prevê a obrigação de os Estados conferirem relevância à existência de um compromisso ou de uma cláusula compromissória válida respeitante a um litígio submetido aos tribunais do respectivo Estado, de forma a poderem as partes ser relegadas, a pedido de uma delas, ao julgamento dos árbitros (é a chamada excepção de violação de convenção de arbitragem ou de preterição de tribunal arbitral – cfr. arts. 494.º, alínea j), e 495.º do CPC português).

Em 1927 foi assinada entre numerosos Estados a Convenção de Genebra para a Execução de Sentenças Arbitrais Estrangeiras que visa regular o processo de reconhecimento e execução de sentença arbitral proferida por tribunal constituído ao abrigo de compromisso ou cláusula compromissória previstos pelo Protocolo de Genebra de 1923. Entre os vários requisitos de reconhecimento exige-se que o reconhecimento ou a execução de sentença arbitral "não seja contrária à ordem pública ou aos princípios do direito do país onde for invocada" (art. 1.º, e)).

III– Já no âmbito da ONU, veio a ser elaborada a Convenção de Nova Iorque de 1958 sobre o reconhecimento e execução de sentenças arbitrais estrangeiras, a qual substitui, entre os Estados signatários, o regime normativo do Protocolo de Genebra de 1923 e da Convenção de Genebra de 1927, quando os signatários destes passem a ser signatários daquela, em relação a outros signatários nas mesmas condições (art. VII-2).

Portugal só ratificou esta Convenção em 1994.

Adiante analisaremos as principais normas desta Convenção.

Chamamos a atenção para que a CNUDCI/UNCITRAL preparou em 2006 uma recomendação sobre a interpretação dos arts. II, 2 e VII-I desta Convenção.

IV– Em 1961, foi elaborada uma Convenção Europeia sobre Arbitragem Comercial Internacional, a qual se destinava sobretudo a vigorar nas relações comerciais entre os Estados da Europa Ocidental e os Países Comunistas do Leste Europeu.

Portugal nunca ratificou esta Convenção.

V– Já atrás referimos a importância da Convenção de Washington de 1965 sobre a Resolução de Diferendos em matéria de Investimentos.

VI– Importa referir também a relevância da Convenção Interamericana do Panamá de 1975 sobre arbitragem comercial, a qual foi precedida do Tratado de Montevideu de 1889 sobre processo civil (onde se regulou a execução de sentenças arbitrais), do Código BUSTAMENTE (assinado em Havana em 1928) e do Tratado de Montevideu de 1940 sobre processo civil internacional.

VII- Por último, não poderá deixar de aludir-se, embora noutro plano, à Convenção Europeia dos Direitos do Homem de 1950, a qual não se aplica directamente à arbitragem. Todavia, considera-se que ela impõe aos Estados europeus o dever de regulamentar a arbitragem de maneira a respeitar os direitos garantidos por esta Convenção, nomeadamente o direito a um processo equitativo (art. 6.º, n.º 1, CEDH).

14.   **Os regulamentos de Arbitragem Institucional e o Regulamento de Arbitragem de 1976 da CNUDCI/UNCITRAL (arbitragem *ad hoc*)**

I- Embora não se trate de fontes de direito internacional comercial nem de fontes de direito estadual interno, os Regulamentos das principais instituições internacionais ou nacionais especializadas em organizar arbitragens acabam por revelar-se muito importantes como fontes de revelação do Direito da Arbitragem.

Reveste-se de especial importância o Regulamento de Arbitragem da Câmara de Comércio de Paris (CCI), com sede em Paris, que tem sido, desde a fundação em 1923, periodicamente revisto, em função da evolução do instituto de arbitragem. Está a decorrer desde 2008 um processo de revisão da versão do Regulamento em vigor desde 1998

Entre nós, reveste-se de importância prática o Regulamento de Arbitragem da Associação Comercial de Lisboa/Câmara de Comércio e Indústria Portuguesa, cuja última versão foi aprovada em Setembro de 2008.

II- No que toca às arbitragens *ad hoc*, as partes ou os árbitros, ou aquelas e estes, podem criar normas de processo próprias para certo litígio arbitral. Na prática, criam-se modelos que vão sendo sucessivamente adoptados, com mais ou menos alterações.

A CNUDCI/UNCITRAL aprovou em 1976 um Regulamento de Arbitragem, destinado a ser adoptado pelas partes em arbitragens *ad hoc*, no exercício da respectiva autonomia contratual. Este Regulamento tem sido objecto de revisão desde 2006 e reveste-se de grande importância prática.

III- Fala-se ainda de regras de boas práticas (*Best Practice Standarde*) reguladoras do processo arbitral querendo significar que, através da jurisprudência arbitral publicada e da doutrina e de regras editadas por instituições prestigiadas como a *International Bar Association* (IBA), é possível estabelecer padrões de regulação de arbitragens harmonizados que podem ser acolhidos pelas partes e pelos árbitros, sobretudo para criar soluções para as lacunas das normas processuais arbitrais adoptadas. Faremos referência à frente às <u>Regras sobre Prova</u> da IBA e à <u>Linhas Reguladoras de Conflitos de Interesses</u> também da IBA (*Guidelines on Conflicts of Interest*) [33]

15. A jurisprudência

I- Quando se fala de jurisprudência em matéria de arbitragem, tem de atender-se não só à jurisprudência dos tribunais estaduais de cada País, como ainda às decisões dos próprios tribunais arbitrais, na medida em que haja conhecimento destas últimas.

Entre nós, encontram-se publicadas decisões sobre temas de arbitragem voluntária emanadas do Tribunal Constitucional, do Supremo Tribunal de Justiça e das cinco Relações. Excepcionalmente, é publicada uma ou outra decisão de um tribunal de primeira instância. Estas decisões são proferidas em acções de anulação de sentenças arbitrais (art. 27.º da LAV) ou em recursos interpostos de decisões arbitrais (art. 29.º) ou, eventualmente, em processos de oposição a execuções fundadas em sentenças arbitrais (art. 815.º CPC) ou em processos de revisão de sentenças arbitrais, ao abrigo da Convenção de Nova Iorque de 1958.

Noutros casos, trata-se de recurso de decisões proferidas pelos tribunais estaduais em matéria de procedimentos cautelares conexos com processo arbitrais.

---

33   (¹) Cfr. Daniel Girsberger / Nathalie Voser, <u>ob cit</u>, págs. 46-48.

II– Existe também divulgação nas revistas da especialidade e em obras doutrinais de jurisprudência formada pelos próprios tribunais arbitrais e que se revestem de manifesto interesse. A confidencialidade dos processos arbitrais impede, em muitos casos, o acesso a essas decisões.

16. Doutrina

I– Como em outros domínios do Direito, o estudo sistemático do fenómeno arbitral e da sua regulação encontra-se nas teses e manuais universitários, nos comentários às leis de arbitragem, nos tratados e nos artigos das revistas da especialidade, revestindo-se de especial importância os comentários às decisões jurisprudenciais (dos tribunais estaduais e dos próprios tribunais arbitrais).

Em Portugal, a Associação Portuguesa de Arbitragem (APA) publicou em 2008 o primeiro número da Revista Internacional de Conciliação e Arbitragem, editada pela Almedina, e que irá ter periodicidade anual.

II– Como já houve oportunidade de referir, é sobretudo no domínio da arbitragem internacional que aparecem obras de referência, dada a grande importância económica dos litígios na área do comércio internacional.

Na bibliografia anexa ao Programa do Curso, indicam-se as principais obras doutrinais portuguesas e ainda algumas obras de referência sobre arbitragem comercial internacional.

Capítulo III

A Convenção de Arbitragem

17. Espécies de convenção de arbitragem: cláusulas compromissórias e compromissos arbitrais

I- Como vimos antes, na arbitragem voluntária tem de existir uma <u>convenção de arbitragem</u>, um acordo para submeter a resolução de um litígio a um tribunal arbitral voluntário.

O art. 1.º, n.º 1, da LAV estatui que:

> *"Desde que por lei especial não esteja submetido exclusivamente a um tribunal judicial ou a arbitragem necessária, qualquer litígio que não respeite a direitos indisponíveis pode ser cometido pelas partes, mediante convenção de arbitragem, à decisão dos árbitros."*

O art. II.1 da Convenção de Nova Iorque de 1958 sobre o reconhecimento e execução de sentenças arbitrais estrangeiras estabelece, por seu turno:

"Cada Estado Contratante reconhece a convenção escrita pela qual as Partes se comprometem a submeter a uma arbitragem todos os litígios ou alguns deles que surjam ou possam surgir entre elas relativamente a uma determinada relação de direito, contratual ou não contratual, respeitante a uma questão susceptível de ser resolvida por via arbitral."

Esta referência à convenção de arbitragem que surge na Convenção de Nova Iorque acolhe a noção de convenção de arbitragem que aparecia no Protocolo de Genebra de 24 de Setembro de 1923 (n.º 1), onde se distinguia claramente já o compromisso arbitral da cláusula compromissória.

A mesma noção está consagrada no art. 7.º, n.º 1, da Lei-Modelo da CNUDCI/UNCITRAL de 1985.

II– Já atrás se referiu que a convenção de arbitragem tem a natureza de um negócio jurídico de natureza processual.

Importa, todavia, não confundir a convenção de arbitragem com um pacto atributivo ou privativo de jurisdição (art. 99.º do CPC) ou com um pacto de competência previsto no art. 100.º do mesmo CPC.

Como escrevem LEBRE DE FREITAS / JOÃO REDINHA / RUI PINTO:

"Os arts. 99 e 100 [do CPC] regulam a competência convencional internacional e interna, isto é, regulam o princípio da liberdade contratual enquanto factor de atribuição de competência directa. O princípio prevê os pactos de jurisdição, através dos quais as partes convencionam sobre a jurisdição nacional competente para apreciar um litígio que apresente elementos de conexão com mais de uma ordem jurídica (competência internacional), e o segundo os pactos de competência, em que as partes dispõem sobre a competência dos tribunais portugueses no seu confronto recíproco (competência interna). Para além destes casos, podem ainda as partes, através da convenção de arbitragem, atribuir a um tribunal arbitral competência para dirimir determinado conflito (art. 1-1 LAV)" [34].

A diferença é que os pactos previstos nos arts. 99.º e 100.º atribuem jurisdição ou competência a um tribunal estadual que antes não a tinha. Já a convenção de arbitragem tem por finalidade retirar da órbita dos tribunais estaduais – sejam eles nacionais ou estrangeiros – a resolução de um litígio determinado ou determinável, atribuindo competência a um tribunal privado, singular ou colegial, para tal resolução.

---

[34] (¹) *Código de Processo Civil Anotado*, vol. 1.º, 2.ª ed., Coimbra, Coimbra Editora 2008, pág. 189. Ver ainda art. 23.º do Regulamento (CE) n.º 44/2001, do Conselho, de 22 de Dezembro de 2000, sobre Competência Judiciária, Reconhecimento e Execução de Decisões em matéria Civil e Comercial sobre pactos atributivos de jurisdição.

III- As convenções de arbitragem são de um de dois tipos: ou do tipo <u>compromisso arbitral</u> ou do tipo <u>cláusula compromissória</u>.

Durante um longo período, as ordens jurídicas tiveram dificuldade de aceitar a validade de <u>cláusulas compromissórias</u>, na medida em que, através dessa opção, as partes se iam comprometer a submeter litígios futuros e eventuais a um tribunal arbitral, sem saberem se iria surgir qualquer litígio num futuro mais ou menos próximo.

É paradigmático o caso do direito francês.

A jurisprudência considerava uniformemente que eram inválidas as cláusulas compromissórias por serem restritivas da liberdade das partes no que tocava ao acesso aos tribunais. Em 1925, o entretanto revogado art. 631.º do Código do Comércio deste país passou a permitir a estipulação de cláusulas compromissórias nas relações jurídico-comerciais. A jurisprudência manteve a solução de invalidade das mesmas quanto aos actos comerciais mistos (actos comerciais só quanto a um dos contraentes).

Em 1972, passou a constar do Código Civil francês um conjunto de três artigos sobre as convenções de arbitragem de natureza civil, no Título XVI do Livro III.

O art. 2059.º estabelece a regra de que "todas as pessoas podem celebrar compromissos [arbitrais] sobre os direitos de que têm a livre disposição".

O art. 2060.º estabelece uma norma mais limitativa, prevendo a impossibilidade legal de celebração de compromissos arbitrais "quanto a todas as matérias que respeitam à ordem pública". É o seguinte o teor deste artigo:

> *"Não é possível celebrar compromissos quanto a questões de estado e de capacidade das pessoas, de divórcio ou de separação de pessoas e quanto a litígios que dizem respeito às pessoas colectivas públicas e os entes empresariais públicos (collectivités publiques et les établissements publics) e, de uma forma mais geral, quanto a todas as matérias que dizem respeito à ordem pública."*

Quanto ao art. 2061.º respeitante à cláusula compromissória, entre 1972 e 2001 vigorou uma solução de cominação de nulidade quanto às cláusulas compromissórias, salvo disposição em contrário de lei especial. A partir de 2001, é reconhecida a validade, embora de forma limitada, a essas cláusulas:

> *"Com ressalva de disposições legislativas especiais, a cláusula compromissória é válida nos contratos celebrados por causa de uma actividade profissional."*

Deve, assim, acentuar-se que esta evolução legislativa mostra, no que toca às cláusulas compromissórias, que as mesmas têm tradicionalmente sido vistas com desfavor em alguns ordenamentos jurídicos.

Por isso, é comum ler-se em obras sobre arbitragem que o desenvolvimento mais significativo do Direito da Arbitragem reside no reconhecimento da validade de princípio não só do compromisso arbitral, mas sobretudo da cláusula compromissória, entendida esta não como um contrato-promessa ou preliminar, mas como uma convenção perfeitamente vinculante para as respectivas partes.

IV– Em Portugal, deve reconhecer-se que a validade da cláusula compromissória só foi controvertida durante a vigência do Código de Processo Civil de 1876, dado o silêncio do diploma sobre esta figura.

A partir do CPC de 1939, tornou-se indiscutível a validade da cláusula compromissória, a par do compromisso arbitral.

No CPC de 1961, o art. 1513.º - entretanto revogado pela LAV – estabelecia a validade da cláusula compromissória, caracterizada como aquela "pela qual devam ser decididas por árbitros questões que venham a suscitar-se entre as partes, contanto que se especifique o acto jurídico de que as questões possam surgir" (n.º 1).

Este art. 1513.º configurava a cláusula compromissória como um contrato-promessa de compromisso (n.º 2 – "Estipulada a cláusula compromissória..."), susceptível de execução específica [35].

A LAV eliminou a caracterização da cláusula compromissória com um contrato preliminar de compromisso arbitral (cfr. art. 11.º, n.os 1 e 3).

V– De um ponto de vista estatístico, as cláusulas compromissórias são muito mais frequentes, na prática arbitral.

Há autores que dizem que os compromissos arbitrais representam menos de 5% dos casos no domínio das arbitragens internacionais.

É compreensível que assim seja, porque é no momento anterior ao surgimento de litígios, nomeadamente no momento de celebração do contrato principal em que figura a convenção de arbitragem, que é mais fácil a ambas as partes aceitar a submissão de litígios, que podem nunca surgir, a um eventual tribunal arbitral.

O compromisso arbitral é muitas vezes celebrado na pendência de um processo judicial, retirando assim o litígio do tribunal estadual (arts. 287.º, b), e 290.º CPC).

---

35 (1)Cfr. sobre este ponto RENÉ DAVID, *L'arbitrage*, págs. 274-275. Ver entre nós, Luís A. Carvalho Fernandes, "Cláusula Compromissória e Compromisso Arbitral. Capacidade. Forma. Objecto. Conteúdo", policopiado, Lisboa, 1961; Inocêncio Galvão Telles, "Cláusula Compromissória (Oposição ao respectivo Pedido de Efectivação)", in *O Direito*, ano 89.º (1957), págs. 213-221.

VI– O art. 1.º, n.º 2, da LAV distingue deste modo, em consonância com as fontes internacionais referidas e o comum das leis estrangeiras contemporâneas, o compromisso da cláusula compromissória:

> "A convenção de arbitragem pode ter por objecto um litígio actual, ainda que se encontre afecto a tribunal judicial (compromisso arbitral) ou litígios eventuais emergentes de uma determinada relação jurídica contratual ou extracontratual (cláusula compromissória)"

Como nota o Prof. RAÚL VENTURA:

> "Seguindo as orientações modernas, a Lei n.º 31/86 prescinde quanto possível da distinção entre compromisso e cláusula compromissória e centra-se na «convenção de arbitragem». Designadamente, os efeitos relativamente à constituição do tribunal arbitral são unitários – art. 11.º, quanto às notificações para instauração do litígio arbitral, e art. 12.º, quanto à nomeação de árbitros pelo tribunal. A cláusula compromissória não é, pois, completada por um compromisso e dá directamente acesso à constituição do tribunal arbitral". [36]

---

[36] [1] "Convenção de Arbitragem" in *Revista da Ordem dos Advogados*, ano

18. Requisitos de validade e eficácia da convenção de arbitragem

I- A convenção de arbitragem, quer se trate de compromisso, quer de cláusula compromissória, tem a natureza de um acordo ou negócio jurídico processual.[37]

46.º, 1986, II, págs. 289 e segs. (trata-se de um estudo muito importante na doutrina portuguesa, que deve ser consultado).

37

(¹) O §1066.º da ZPO alemã estabelece que "aos tribunais arbitrais previstos de forma legalmente lícita através de disposições de última vontade ou de outras disposições não baseadas em convenção, aplicam-se analogicamente as disposições deste Livro" (Livro X consagrado ao processo arbitral). Esta disposição introduzida na Reforma de 1997 reproduz o art. 1048.º da anterior versão da mesma ZPO.

Trata-se de uma disposição que não tem equivalente na Lei-Modelo ou no comum das leis nacionais de arbitragem voluntária. O art. 10.º da Lei de Arbitragem espanhola de 2003 estatui que "também será válida a arbitragem instituída por disposição testamentária para resolver litígios entre herdeiros não legitimários (no forzosos) ou legatários relativamente a questões sobre distribuição ou administração da herança".

Permite-se, assim, a imposição, por acto de vontade do testador (disposição de vontade unilateral), a terceiros uma arbitragem para resolver eventuais litígios entre herdeiros ou legatários.

A doutrina alemã entende que não se trata de arbitragem necessária, imposta por lei, mas de arbitragem voluntária não contratual. A parte final do §1066.º refere-se a estipulações de arbitragem constantes de contratos de sociedade ou dos respectivos estatutos, mas aí ainda é possível ver uma verdadeira convenção de arbitragem pactuada entre os sócios primitivos ou

Tem como elementos essenciais:

- A indicação das partes outorgantes;

- A determinação do litígio ou litígios abrangidos pela convenção;

- A vontade de criação de um tribunal arbitral (vontade de se submeter à arbitragem).

No que toca à determinação do objecto do litígio, deve notar-se que, no caso das cláusulas compromissórias, talvez seja mais adequado falar em <u>determinabilidade</u>, na medida em que a LAV, à semelhança de outras leis de diferentes ordens jurídicas, impõe, para a validade da cláusula compromissória, a indicação da <u>fonte</u> de que poderão emergir os futuros litígios, ou seja, uma "determinada relação contratual ou extracontratual". Será, pois, inválida uma cláusula compromissória que se limite a referir que a solução arbitral se aplica a "todos e quaisquer litígios que surjam

a que aderem os novos sócios.

É muito discutido na Alemanha se a estipulação pelo testador do recurso à arbitragem tem natureza substantiva (tal estipulação imporia um ónus aos herdeiros ou legatários) ou antes natureza processual (recurso à justiça privada). Sobre este ponto, remete-se para o comentário de Ulrich Haas, na ob. colectiva já citada, *Arbitration in Germany*, págs. 627-628.

Em Portugal, não está prevista a imposição do recurso à arbitragem pelo testador, sendo frequentes as convenções de arbitragem constantes de contratos de sociedade.

entre os outorgantes."

O art. 2.º, n.º 3, da LAV estabelece que o compromisso arbitral "deve determinar com precisão o objecto do litígio". A mesma disposição, no caso da cláusula compromissória limita-se a exigir a especificação da relação jurídica a que os litígios respeitam, isto é, de onde eles podem surgir.

Deve notar-se que, quando estamos no plano de uma arbitragem internacional ou transnacional, existe um elemento suplementar, a ligação a uma certa ordem jurídica, por regra, através da indicação do lugar da arbitragem.

Podem as partes, ao estipular a convenção de arbitragem, incluir outros elementos facultativos (número dos árbitros; indicação de regras de processo; escolha de um regulamento de arbitragem; repartição dos encargos da arbitragem; escolha da língua do processo arbitral, prazo para ser proferida a decisão, etc.)

Aparecem, por vezes também, como elementos facultativos, estipulações que têm por objecto a decisão da causa segundo a equidade (art. 22.º da LAV) [38]

---

[38] [1] Estatui esta disposição: "Os árbitros julgam segundo o direito constituído, a menos que as partes, na convenção de arbitragem ou em documento subscrito até à aceitação do primeiro árbitro, os autorizem a julgar segundo a equidade". A esipulação do julgamento segundo a equidade envolve a renúncia aos recursos (art. 29.º da LAV). Em convenções de arbitragem no comércio internacional aparecem por vezes estipulações algo estranhas (não aplicação do direito estrito escolhido, mas correcção pelos árbitros para evitar resultados injustos, observado o espírito do contrato principal)".

II– Por vezes as convenções de arbitragem são irregulares ou defeituosas. Fala-se a este propósito de <u>cláusulas patológicas</u>, expressão cunhada em 1974 por EISEMANN, para designar aquelas cláusulas ambíguas ou com elementos errados mas que não afectam a validade da estipulação de submeter certa matéria a árbitros (este autor francês descreveu uma "câmara de horrores" de cláusulas de arbitragem defeituosas).

Há casos, porém, em que a incorrecção é de tal modo grave que acarreta a nulidade da convenção de arbitragem.

Como refere o Prof. RAÚL VENTURA:

> *"É evidente que, por muito boa vontade que se tenha, não podem deixar de ser consideradas nulas, por ambiguidade, duas cláusulas do mesmo contrato, onde se diz «any dispute and/ or claim» é sujeita a arbitragem em Inglaterra e «any other dispute» é sujeita a arbitragem na Rússia (Lovelock v. Exporttes [1968], cit. RUSSELL, pág. 43). Outro destino não pode ter a cláusula «Tout litige ou tout enfreint au present accord será du ressort de la Chambre de Commerce Française à São Paulo», pois não só não existe tal Câmara como não se sabe o significado de «être du ressort» (EISEMANN, pág. 159)"* [39]

39

[1] "Convenção" cit., pág. 367.

Um caso manifestamente grave e gerador de nulidade é o de submeter o mesmo litígio ou tipo de litígios a arbitragem e a um certo tribunal estadual, visto não poder averiguar-se qual a vontade das partes.

Noutros casos, em que a incorrecção ou ambiguidade não é tão grave, através de interpretação de declaração negocial os árbitros procuram salvar a validade da convenção.

Por exemplo, se num contrato celebrado por entidades de nacionalidade diferente se estipula que os litígios serão submetidos para decisão por arbitragem à "Câmara de Comércio Internacional de Genebra", verifica-se que não existe uma tal Câmara. Será possível salvar a estipulação, interpretando a vontade das partes no sentido de que quiseram, na eventualidade de litígio futuro, submeter a arbitragem a uma certa instituição, a Câmara de Comércio Internacional (CCI), com sede em Paris, embora escolhendo como lugar de arbitragem Genebra, na Suíça? Caberá aos árbitros proceder a tal actividade interpretativa, com controlo pelo tribunal estadual competente. Tudo depende de saber se existe uma nulidade parcial da cláusula que é ultrapassável por via de interpretação correctiva ou até pelo preenchimento integrativo de uma lacuna, permitindo a sua salvação.

III− Uma situação que ocorre entre nós com alguma frequência é a de as partes de um contrato estipularem aparentemente uma arbitragem institucional, embora garantindo a existência de recursos para tribunais superiores estaduais, apesar de o Regulamento dessa Instituição prever a renúncia aos recursos.

É o que se passa com o Centro de Arbitragem da Associação Comercial de Lisboa / Câmara de Comércio e Indústria Portuguesa.

Este Centro de Arbitragem recomenda a seguinte cláusula arbitral:

> *"Todos os litígios emergentes deste contrato ou com ele relacionados serão definitivamente resolvidos de acordo com o Regulamento de Arbitragem do Centro de Arbitragem da Câmara de Comércio e Indústria Portuguesa (Centro de Arbitragem Comercial), por um ou mais árbitros nomeados nos termos do Regulamento."*

O Regulamento de Arbitragem de 2008 estabelece, no seu art. 2.º, n.º 1, que, "para além das normas legais aplicáveis, a submissão do litígio ao Centro de Arbitragem Comercial envolve a aceitação do seu regulamento, parte integrante da convenção de arbitragem". Por seu turno, dispõe o art. 40.º do mesmo Regulamento:

> *"1- A decisão final do tribunal arbitral não é susceptível de recurso.*

2- A submissão do litígio ao Centro de Arbitragem Comercial envolve a renúncia aos recursos"

Ora, no caso de as partes adoptarem a cláusula recomendada e estabelecerem a estipulação expressa de recursos, quererá tal dizer que foi por lapso que o fizeram, pois pretendiam uma arbitragem institucional determinada? Ou, pelo contrário, a respectiva vontade era a de querer uma arbitragem *ad hoc* regulada por este Regulamento?

Deve notar-se que, no caso indicado de as partes na cláusula compromissória terem designado a competência do Centro de Arbitragem Comercial e previsto a existência de recursos, o Presidente desse Centro deve sobrestar à composição do tribunal arbitral com fundamento em incompatibilidade manifesta da convenção com o art. 40.º do mesmo Regulamento (art. 46.º, n.º 2, alínea b) deste último). Antes de 2008, o Regulamento era omisso.

IV- De novo importa referir certos casos muito frequentes na prática portuguesa e no domínio da arbitragem transnacional, que impõem tarefas delicadas de interpretação da convenção e de integração de eventuais lacunas (cfr. arts. 236.º a 239.º do Código Civil, quando seja aplicável o direito português à convenção de arbitragem):

"Quanto à extensão da cláusula compromissória, os casos duvidosos mais vulgares respeitam às usuais palavras «interpretação» e «execução» do contrato.

A cláusula que apenas se refere a litígios relativos à «interpretação» do contrato não é equívoca quanto a saber se abrange litígios relativos à validade do contrato ou à condenação em indemnização por inexecução deste. Ressalvada a vontade real e conhecida do declarante, o destinatário normal não entende «interpretação» em tão amplo sentido.

Pelo contrário, a palavra «execução» pode e deve ser interpretada no sentido de abranger os litígios respeitantes à inexecução do contrato, isto é, o próprio facto da inexecução e as consequências legais e contratuais deste. Execução e inexecução são verso e anverso da mesma medalha, não se pode apreciar uma sem olhar a outra. Também não é preciso grande esforço para incluir, nos litígios relativos à execução, aqueles em que uma parte reclama contra a resolução ilegal do contrato pela outra parte, pois essa resolução implica a inexecução.

É claro que isto não impede as partes de expressamente separarem alguns elos de que possa chamar-se uma cadeia natural de litígios ou partes de litígios; por ex., no caso de resolução ilegal do contrato, podem ser separados a ilegalidade da resolução (submetida a arbitragem) e a eventual indemnização (submetida à jurisdição estadual)" [40].

---

[40] [1]Raúl Ventura, "Convenção" cit., pág. 368.

V– A convenção de arbitragem é um contrato de natureza processual que está sujeito a <u>forma escrita</u>.

Nos termos do n.º 1 do art. 2.º da LAV, a convenção de arbitragem deve ser reduzida a escrito. O n.º 2 deste artigo explícita este requisito de forma:

> *"Considera-se reduzida a escrito a convenção de arbitragem constante ou de documento assinado pelas partes, ou de troca de cartas, <u>telex</u>, telegramas ou outros meios de telecomunicações de que fique prova escrita, quer esses instrumentos contenham directamente a convenção, quer deles conste cláusula de remissão para algum documento em que uma convenção esteja contida."*

Deve notar-se que a Convenção de Nova Iorque de 1958, no seu Artigo II, 2, estabelece que se entende por "convenção escrita" uma cláusula compromissória inserida num contrato, ou um compromisso, assinado pelas Partes ou inserido numa troca de cartas ou telegramas. A evolução dos meios de telecomunicações dos últimos anos, com a generalização do telex, primeiro e, depois, da telecópia e, hoje, do correio electrónico pôs em causa a necessidade de haver um escrito assinado pelas partes, como é exigido por esta Convenção.

A LAV, com prudência, admitiu já outros meios de telecomunicações, que abrangem, seguramente, o correio electrónico que permite trocas de mensagens entre as partes.

A Lei-Modelo da CNUDCI/UNCITRAL foi alterada em 2006 para eliminar dúvidas sobre o entendimento da forma escrita das convenções de arbitragem. As discussões no seio do Grupo de Trabalho e da própria Comissão levaram a que constem do articulado duas alternativas para o art. 7.º, uma em que se mantém a exigência de forma escrita e outra onde é eliminada tal exigência. Caberá, assim, aos Estados no futuro reponderar a exigência de forma escrita, ao acolher na sua ordem jurídica interna a Lei-Modelo, embora tendo presente a dificuldade que decorre da citada exigência da Convenção de Nova Iorque, quando se ponha a hipótese de se ter de executar a sentença arbitral no estrangeiro.

O novo n.º 3 do art. 7.º da Lei-Modelo contenta-se com a redução a escrito da estipulação "independentemente de a convenção de arbitragem ou o contrato ter sido celebrado oralmente, através da adopção de certa conduta ou por qualquer outro meio".

Também desde a versão originária da Lei-Modelo se entende que a convenção de arbitragem tem a forma escrita se a mesma for alegada pelo demandante numa acção arbitral e na contestação a outra parte não contestar a existência da convenção (veja-se hoje o n.º 5 do art. 7.º).

Esta solução não está prevista directamente na LAV. Todavia, se não for suscitada pelas partes a questão de falta ou invalidade da convenção de arbitragem, e os árbitros se tiverem, por isso, considerado competentes para dirimir o litígio, tal questão não pode ser suscitada, em princípio, em acção da anulação de decisão arbitral, nos termos do n.º 2 do art. 27.º que se transcreve:

> *"O fundamento de anulação previsto na alínea b) do número anterior [ter sido a decisão arbitral proferida por tribunal incompetente ou irregularmente constituído] não pode ser invocado pela parte que dele teve conhecimento no decurso da arbitragem e que, podendo fazê-lo, não o alegou oportunamente."*

Deve notar-se, por último, que a CNUDCI/UNCITRAL aprovou em Julho de 2006 uma recomendação aos Estados membros da ONU no sentido de que, na interpretação do art. II, n.º 2, da Convenção de Nova Iorque de 1958 os Estados devem adoptar o entendimento de que a referência às circunstâncias de celebração da convenção de arbitragem (contrato assinado pelas partes ou convenção inserida numa troca de cartas ou telegramas) não são exaustivas, de modo a ter em conta nomeadamente a difusão do comércio electrónico (a recomendação abrange também o art. VII, n.º 1, sendo proposto que este preceito seja aplicado de forma a permitir a qualquer parte interessada que possa prevalecer-se dos direitos atribuídos pela lei ou por tratados do país em que a convenção de arbitragem seja invocada, de forma a procurar o reconhecimento da validade de tal convenção de arbitragem).

Acrescente-se que a violação da forma escrita acarreta a nulidade da convenção de arbitragem e, portanto, a incompetência do tribunal eventualmente constituído (art. 3.º da LAV).

VI- O Projecto APA tem como grande novidade o abandono do critério principal da disponibilidade dos direitos enquanto critério de arbitrabilidade, optando pelo critério da patrimonialidade das pretensões. Segundo o art. 10.º, n.º 1, deste Projecto, *"desde que por lei especial não esteja submetido aos tribunais do Estado ou a arbitragem necessária, qualquer litígio respeitante a interesses de natureza patrimonial pode ser cometido pelas partes, mediante convenção de arbitragem, à decisão de árbitros"*. Por seu turno, o n.º 2 deste art. 1.º estabelece que é válida uma convenção de arbitragem *"relativa a litígios que não envolvem interesses de natureza patrimonial, desde que as partes possam celebrar transacção sobre a pretensão do litígio"*.

Mantém-se o texto do n.º 2 do art. 1.º da LAV sobre a distinção entre cláusula compromissória e compromissória.

O art. 2.º do Projecto APA mantém a exigência de forma escrita como requisito de validade da convenção de arbitragem, considerando que tal exigência é satisfeita quando este "conste de suporte electrónico, magnético, óptico, ou de outro tipo, que ofereça as mesmas garantias de fidedignidade, inteligibilidade e conservação" (n.º 3). O n.º 4 deste artigo inspira-se no n.º 5 do artigo 7.º da Lei-Modelo e estabelece que se considera "também cumprida o requisito da forma escrita da convenção de arbitragem quando exista troca de uma petição e uma contestação em processo arbitral, em que a existência de tal convenção seja alegada por uma parte e não seja negada pela outra."

VII– As partes da convenção de arbitragem devem ter personalidade e capacidade jurídicas. Os menores não podem celebrar convenções de arbitragem, mesmo quando disponham de capacidade limitada para o exercício de direitos, nos termos do art. 127.º do Código Civil. [41]

Os pais podem, no exercício dos poderes de representação legal dos filhos, celebrar contratos em nome destes. Todavia, para a celebração de contrato de alienação ou oneração de bens, salvo tratando-se da alienação onerosa de coisas susceptíveis de perda ou deterioração, carecem de autorização do tribunal, sob pena de invalidade. Se os pais quiserem negociar transacção ou comprometer-se em árbitros relativamente a tais contratos de alienação ou oneração ou a outros contratos enunciados no n.º 1 do art. 1889.º do Código Civil, carecem igualmente de autorização do tribunal.

A mesma solução se aplica aos interditos e inabilitados, por força da equiparação constante do art. 139.º do Código Civil.

---

41 [1] Cfr. Raúl Ventura, "Convenção" cit., pág. 305.

No que toca aos cônjuges, discute-se se um só destes tem legitimidade para celebrar convenções de arbitragem que possam ter reflexos sobre a esfera do outro. Segundo RAÚL VENTURA, "parece certo o caminho apontado pela doutrina francesa: conforme para o acto a que a convenção de arbitragem respeitar, estiverem legitimados ou um só ou ambos os cônjuges, assim, estarão legitimados ou um só ou ambos os cônjuges (cfr. art. 1678.º do Código Civil)" [42].

Parece-nos seguro que, tendo sido celebrada a convenção de arbitragem por um só dos cônjuges, o outro não está vinculado por tal convenção, não podendo ser parte no futuro processo arbitral, salvo adesão dele à convenção pré-existente, com o acordo das partes (cônjuge e terceiro). [43] Tal não significa que a condenação do cônjuge no processo arbitral não possa ser executada contra o outro cônjuge, chamando-o ao processo executivo nos termos gerais (cfr. art. 825.º, n.ºs 2 e 3, CPC).

Os mandatários voluntários das partes podem celebrar convenções de arbitragem em nome destes, se dispuserem de poderes especiais conferidos para o efeito.

Já vimos que o Estado e outras pessoas colectivas de direito público têm capacidade para celebrar convenções de arbitragem (art. 1.º, n.º 4, da LAV e arts. 180.º e segs., maxime 184.º, do CPTA).

42

[1] "Convenção" cit., pág. 307.

43

[1] "Convenção" cit., págs. 306-309.

No que toca às sociedades, tem sido entendido, no caso de grupos de sociedades, que a sociedade dominante não pode celebrar convenções em nome da sociedade dominada, salvo se existir uma relação de mandato.

VIII– A vontade das partes pode estar afectada por vícios de vontade, seja na formação do negócio, seja na declaração de vontade negocial. Assim, pode ser anulada uma convenção de arbitragem celebrada por erro, dolo ou coacção. Já vimos atrás que há casos em que a invalidade é a nulidade (nomeadamente, causada por se tratar de litígio não arbitrável ou não tendo a convenção a forma escrita - cfr. arts. 1.º, n.º 1, e 3.º da LAV).

IX– Enquanto negócio jurídico, a convenção de arbitragem pode ser sujeita a termo ou a condição. Estão previstos na lei igualmente casos de extinção da convenção de arbitragem.

Como escreve o Prof. CARLOS FERREIRA DE ALMEIDA:

> "A eficácia da convenção pode estar dependente de termo inicial e/ou final, com a consequente extinção do poder dos árbitros (LAV, artigo 25.º) ou de outros eventos determinantes da caducidade, entre os quais a lei regula a morte de alguma das partes ou de

algum dos árbitros como possível causa de caducidade (cfr. LAV, artigo 4.º). Sendo a cláusula compromissória condicional por natureza (uma vez que a sua eficácia depende da instauração de uma acção), a convenção pode estipular outros eventos suspensivos ou resolutivos da eficácia. Por exemplo: a aceitação da função arbitral por determinada pessoa ou a subsistência de algum contrato conexo"[44]

Deve chamar-se a atenção para o art. 4.º da LAV, acabado de referir, sob a epígrafe "Caducidade da convenção". Dispõe ele:

"1- O compromisso arbitral caduca e a cláusula compromissória fica sem efeito, quanto ao litígio considerado:

a) Se algum dos árbitros designados falecer, se escusar ou se impossibilitar permanentemente para o exercício da função ou se a designação ficar sem efeito, desde que não seja substituído nos termos previstos no artigo 13.º;

b) Se, tratando-se de tribunal colectivo, não puder formar-se maioria na deliberação dos árbitros;

c) Se a decisão não for proferida no prazo estabelecido de acordo com o disposto no artigo 19.º

---

44 [1] "Convenção de Arbitragem: Conteúdo e Efeitos", in Centro de Arbitragem Comercial, *I Congresso*, pág. 91.

> *2- Salvo convenção em contrário, a morte ou extinção das partes não faz caducar a convenção de arbitragem nem extinguir a instância no tribunal arbitral."*

Igualmente se viu já que a convenção de arbitragem se pode extinguir por revogação das partes, até à pronúncia da decisão arbitral, por escrito assinado pelas partes (art. 2.º, n.º 4, LAV).

A jurisprudência tem entendido que, "não obstante a existência de uma convenção arbitral, é permitido o recurso aos tribunais estaduais à parte que, supervenientemente e sempre por culpa que lhe não seja imputável, se veja colocada na impossibilidade de custear as despesas da arbitragem"[45]. O Supremo Tribunal entendeu que seria aplicável no domínio da arbitragem voluntária o princípio da extinção das obrigações quando se torna impossível o cumprimento por causa não imputável ao devedor (art. 790.º, n.º 1, do Código Civil).

Em acórdão recente do Tribunal Constitucional, julgou-se inconstitucional, por violação do art. 20.º, n.º 1, da Constituição, "a norma do artigo 494.º, alínea j), do Código de Processo Civil, quando interpretada no sentido de a excepção de violação de convenção de arbitragem ser oponível à parte em situação superveniente de insuficiência económica, justificativa de apoio

---

45

[1] Acórdão do Supremo Tribunal de Justiça de 18 de Janeiro de 2000, in *Boletim do Ministério da Justiça*, n.º 493, pág. 327.

judiciário, no âmbito de um litígio que recai sobre uma conduta a que eventualmente seja de imputar essa situação" [46]. Aí se escreveu que, "não estando prevista a atribuição de apoio judiciário nos tribunais arbitrais, o cumprimento estrito desse acordo [convenção de arbitragem] coloca o recorrido numa situação de indefesa. A situação conflituante nasce, precisamente, da impossibilidade de satisfação simultânea dos direitos pertinentemente invocados, ambos com tutela constitucional: o de liberdade negocial, como expressão da autoderminação, a qual impõe a observância dos efeitos vinculativos do seu exercício sem vícios; o da tutela jurisdicional efectiva, que, nas circunstâncias concretas, aponta no sentido da inexigibilidade da sujeição a esses efeitos."

Note-se que a declaração de insolvência de uma das partes de uma convenção de arbitragem acarreta a ineficácia da mesma, quando respeite a litígios cujo resultado possa influenciar o valor da massa, sem prejuízo do disposto em tratados internacionais aplicáveis" (art. 87.º, n.º 1, do CIRE, Código de Insolvência e da Recuperação de Empresas). A insolvência não afecta, em princípio, a continuação dos processos arbitrais pendentes à data da declaração de insolvência, sem prejuízo da substituição do representante da parte pelo administrador da insolvência e da necessidade de o credor parte na acção arbitral ter de reclamar os

---

46

[1] Acórdão n.º 311/2008, in *Diário da República*, 2.ª Série, n.º 148, de 1 de Agosto de 2008.

créditos reconhecidos entretanto pela sentença arbitral no processo de insolvência (art. 87.º, n.º 2, CIRE, que ressalva as situações previstas no art. 85.º, n.º 3, e 128.º, n.º 3, do mesmo diploma).

19. Autonomia da convenção da arbitragem e sua transmissibilidade

I- No moderno Direito da Arbitragem considera-se que a convenção de arbitragem, na modalidade de cláusula compromissória, quando está contida num contrato, mantém autonomia em relação a este último, não acarretando a invalidade do contrato necessariamente a invalidade da convenção de arbitragem.

Esta autonomia é correntemente designada, na terminologia em língua inglesa, como *separability* (separabilidade).

Como refere RAÚL VENTURA:

> *"A autonomia da convenção de arbitragem aparece normalmente ligada à Kompetenz-Kompetenz, tomando-se esta como uma consequência secundária daquela. Tecnicamente, porém, trata-se de questões distintas, pois é concebível que o reconhecimento da autonomia não implique a*

*atribuição ao tribunal arbitral da competência
para decidir sobre a sua própria competência;
quando fosse arguida a nulidade da convenção
de arbitragem (por motivos específicos ou por
motivos do contrato principal, extensivos à
convenção de arbitragem) poderia a respectiva
decisão caber ao tribunal estadual (...)"* [47].

O art. 16.º da Lei-Modelo estabelece, no seu n.º 1, a regra da
Kompetenz-Kompetenz:

*"O Tribunal arbitral pode decidir sobre a sua
própria competência, aí incluída qualquer
excepção relativa à existência ou à validade da
convenção de arbitragem. Para este efeito, uma
cláusula compromissória que faça parte de um
contrato é considerada como uma convenção
distinta das outras cláusulas do contrato. A
decisão do tribunal arbitral que considere nulo o
contrato não implica automaticamente a
nulidade da cláusula compromissória."*

Entre nós, o art. 21.º da LAV estabelece no seu n.º 1 o
princípio de *Kompetenz-Kompetenz* e, no n.º 2, acolhe a noção de
separabilidade ou de autonomia:

---
[47] [¹] *Convenção cit., pág. 369.*

"A nulidade do contrato em que se insira uma convenção de arbitragem não acarreta a nulidade desta, salvo quando se mostre que ele não teria sido concluído sem a referida convenção."

Acolhe-se aqui o critério legal constante do art. 292.º do Código Civil, em matéria de redução.

Deve notar-se que a incompetência do tribunal arbitral, nomeadamente por nulidade da convenção de arbitragem, "só pode ser arguida até à apresentação de defesa quanto ao fundo da causa, ou juntamente com esta." (art. 21.º, n.º 3, LAV)

De novo se remete para RAÚL VENTURA, [48] onde se analisam as implicações de haver nulidade da convenção de arbitragem ou nulidade em relação ao contrato principal, no que toca a uma ou outra dessas convenções.

II– A posição contratual numa convenção de arbitragem é susceptível de ser transmitida entre vivos ou *mortis causa*.

Segundo o art. 4.º, n.º 2, da LAV, já citado:

"Salvo convenção em contrário, a morte ou extinção das partes não faz caducar a convenção de arbitragem nem extingue a

---

[48] (1) *Convenção* cit., págs. 369-379

instância no tribunal arbitral."

Fala-se a este propósito da regra da <u>impessoalidade</u> da convenção de arbitragem, ou seja, de que a convenção de arbitragem não é celebrada *intuitu personae*. A morte de uma pessoa singular ou a extinção de uma pessoa colectiva só por força de acordo das partes pode acarretar a extinção da convenção de arbitragem.

Com nota o Prof. RAÚL VENTURA, "é óbvio que esta transmissão [da convenção de arbitragem] acompanha a transmissão da relação jurídica a que a convenção respeita, pois uma transmissão isolada de convenção de arbitragem é impensável" [49].

A par da transmissão da convenção por extinção da parte, pode haver uma transmissão entre vivos, por exemplo, em caso de cessão de posição contratual, prevista no art. 424.º do Código Civil (esta abrange não só a convenção de arbitragem como as outras estipulações contratuais) [50]. Deve notar-se que, a par de uma transmissão da posição numa convenção de arbitragem, pode ser estipulada outra convenção de arbitragem para o negócio de

---

49

[1] *Convenção* cit., pág. 395

50 [1] Cfr. Carlos Ferreira de Almeida, *Convenção de Arbitragem* cit., pág. 94.

cessão de posição contratual[51].

Mesmo na cessão de créditos, parece haver – salvo convenção em contrário – transmissão da posição contratual na convenção da arbitragem para o cessionário.

20. A questão da arbitrabilidade do litígio

I– Referimos atrás algumas normas do Código Civil francês que mostram que este País só considera arbitráveis questões sobre direitos disponíveis e que não digam respeito à ordem pública.

No caso da LAV, como em muitas outras Leis sobre Arbitragem Voluntária, adopta-se o critério da disponibilidade de direitos com critério de arbitrabilidade.

Por exemplo, o art. 2.º, n.º 1, da Lei de Arbitragem espanhola (Lei n.º 60/2003, de 23 de Dezembro) estatui que "são susceptíveis de arbitragem as controvérsias sobre matérias de livre disposição nos termos do direito (*conforme a derecho*)". No mesmo sentido, o art. 806.º do CPC italiano não permite o recurso à arbitragem quanto aos litígios que tenham por objecto "*diritti indisponibili*", e

---

51 (1) Cfr. Acórdão da Relação de Lisboa, de 7 de Julho de 2007, *Colectânea de Jurisprudência*, 2007, III, pág. 99. No sentido de que a convenção de arbitragem constante de um contrato de seguro de vida celebrado entre uma seguradora e uma empresa não vincula os trabalhadores desta última, por serem meros beneficiários de um contrato a favor de terceiro (cfr. arts. 443.º, n.º 1, e 444.º, n.º 1, do Código Civil), veja-se o Acórdão do Supremo Tribunal de Justiça de 27 de Novembro de 2008 (Proc. n.º 08B3522, in www.dgsi.pt.jstj).

o art. 1020.º, n.º 3, do CPC holandês limita a arbitragem às situações em que a determinação das consequências jurídicas depende da livre disposição das partes.

A nossa LAV, por seu turno, dispõe que pode ser cometido pelas partes, mediante convenção de arbitragem, à decisão de árbitros "qualquer litígio que não respeite a direitos indisponíveis" (art. 1.º, n.º 1).

É seguro que matérias sobre validade do casamento, divórcio, separação de pessoas e bens, investigação de paternidade ou maternidade não podem ser submetidas a arbitragem voluntária.

II- Outras ordens jurídicas não utilizam o critério da disponibilidade dos direitos (ou o subcritério da transigibilidade, ou seja, a possibilidade de se celebrar a transacção quanto a certas pretensões[52]), adoptando antes o da natureza patrimonial dos direitos.

É paradigmático o art. 177.º, n.º 1, da LDIP suíça (aplicável à arbitragem internacional), o qual prevê que "qualquer causa de natureza patrimonial pode ser objecto de arbitragem". A opção do legislador suíço foi justificada pela vontade de adoptar uma norma de direito material, por oposição à norma da livre disponibilidade (que vigora nas arbitragens internas), na medida em que esta

---

[52] (1) Cfr. art. 1249.º do Código Civil – "As partes não podem transigir sobre direitos de que lhes não é permitido dispor, nem sobre questões respeitantes a negócios jurídicos ilícitos"

última norma faria apelo a um processo de direito de conflitos (em litígios com conexões com diferentes ordens jurídicas, primeiro ter-se-ia de determinar a norma de conflitos aplicável e, só depois, pela aplicação desta norma, chegar-se ao direito material regulador da pretensão, a fim de descobrir aí a regulação da livre disposição de direitos, a qual não é sempre a mesma em diferentes ordenamentos jurídicos). Já no que toca à arbitragem interna, a Concordata Intercantonal acolhe o critério da disponibilidade dos direitos, o qual é mantido pelo art. 354.º do novo Código de Processo Civil suíço[53].

O Código de Processo Civil alemão (ZPO), remodelado em 1997 pela adopção de Lei-Modelo, consagrou também o critério da patrimonialidade[54]. Quanto a questões não patrimoniais, é possível a celebração da convenção de arbitragem se for possível a celebração de uma transacção (§1030.º, 1).

Entre nós, o Dr. ANTÓNIO SAMPAIO CARAMELO sustentou, de iure condendo, que a LAV devia adoptar o critério da patrimonialidade, abandonando o critério tradicional da disponibilidade de direitos[55].

53

[¹] "A arbitragem pode ter por objecto qualquer pretensão que decorra da livre disposição das partes".

54 [¹] §1030.º, 1; o anterior §1025.º consagrava até 1 de Janeiro de 1998 o critério da susceptibilidade de celebração de uma transacção ou transigibilidade.

55

SAMPAIO CARAMELO chama a atenção, por um lado, para as dificuldades suscitadas pela solução da ligação do litígio com a ordem pública de um certo país, focando a evolução paradigmática da doutrina e da jurisprudência francesas. De facto, numa primeira fase, mais antiga, sempre que estava presente uma norma imperativa ou de ordem pública, o entendimento prevalecente era o de que qualquer possibilidade de arbitragem era excluída. Simplesmente, houve necessidade de não se tomar uma posição tão restritiva. Em 1950, o Tribunal Supremo francês (*Cour de cassation*), no Acórdão Tissot, considerou que a necessidade de aplicação de uma norma imperativa de direito público não implicava, por si só e de forma automática, a inarbitrabilidade do litígio, devendo os árbitros averiguar da sua competência depois de entrarem no fundo ou mérito da causa. Esta solução foi depois estendida quanto à arbitragem internacional, embora fosse muito criticada porque obrigava os árbitros a decidir sobre a própria competência, levava-os a conhecer do mérito e, se fosse aplicável norma pública ao caso, deviam abster-se de julgar.

Numa última fase, a doutrina e a jurisprudência francesa vão mais longe:

"Passou então a vingar a ideia de que nada há

---

[1] Remete-se para o seu estudo, *A Disponibilidade do Direito como Critério de Arbitrabilidade do Litígio*, in *Revista da Ordem dos Advogados*, ano 66, 2006, III, págs. 1233 e segs.; ver igualmente Prof. Luís Lima Pinheiro, *Arbitragem Transnacional* cit., págs. 103-115).

de chocante no facto de o árbitro poder constatar e sancionar uma nulidade de ordem pública. Fora daquelas matérias relativamente às quais a ordem pública impede que sejam apreciadas por um juiz privado (por exemplo, as questões relativas ao estado civil das pessoas), o carácter de ordem pública das normas aplicáveis não pode ser causa de inarbitrabilidade do litígio. O árbitro disporá assim do poder de sancionar qualquer violação dessas regras, quer a título de questão incidental, quer a título principal"[56].

Depois este Autor passa a comparar os critérios da patrimonialidade da pretensão e da disponibilidade do direito, chamando a atenção para que em muitos casos a solução não variará em função da adopção de um ou de outro. Todavia, para ele, o primeiro critério é o que permite "uma mais fácil identificação de matérias susceptíveis de submissão à arbitragem e, por outro lado, o que possibilita o alargamento máximo, até ao limite do que parece razoável à luz dos valores fundamentais que enformam não só a nossa ordem jurídica, mas também as ordens jurídicas estrangeiras que maiores afinidades têm com a nossa"[57]. Em contrapartida, saber quando se está perante direitos disponíveis ou indisponíveis revela-se mais difícil, mesmo dentro de

---

56 (¹) Cfr. A. Sampaio Caramelo, *A Disponibilidade do Direito* cit., pág. 1239; sobre esta evolução, veja-se Jean Robert, *L'Arbitrage*, págs. 25-37.

57

(¹) *A Disponibilidade* cit., pág. 1243.

uma só ordem jurídica, como é demonstrado pelos casos jurisprudenciais por ele analisados.

Esta preferência pelo critério da patrimonialidade das pretensões que se defrontam e constituem o objecto do litígio, leva SAMPAIO CARAMELO a sustentar que, em futura revisão da LAV, se deveria assumir a orientação acolhida no ZPO alemão, na LDIP suíça e, acrescente-se, na recente versão do Código de Processo Civil austríaco, introduzida em 2006 (o §582.º deste diploma elege como critério de arbitrabilidade a <u>natureza económica</u> ou <u>patrimonial</u> da pretensão).

Tal ponto de vista é criticado pelo Prof. CARLOS FERREIRA DE ALMEIDA, em termos que me parecem certeiros:

> *"Insatisfatório me parece o critério da patrimonialidade (...) que transforma em casos difíceis alguns casos de resolução fácil segundo o critério de disponibilidade.*
>
> *Assim, no âmbito do direito da família, a partilha de bens do casal é idónea como objecto arbitral. Mas a alienação de bens de menores sujeita a autorização judicial, que tem também natureza patrimonial, é inidónea como objecto arbitral, porque não admite transacção.*
>
> *Em relação a direitos (ditos) irrenunciáveis, a disponibilidade (negociabilidade) está excluída enquanto se configurem como meros direitos potestativos (o que também sucede de resto perante tribunais estaduais), mas passa a ser*

admitida se, e logo que, evoluírem para direitos subjectivos comuns. Isto sem cuidar de saber se têm natureza patrimonial, porque a regra tanto se aplica, por exemplo, ao direito de indemnização da clientela em contratos de distribuição como a direitos de personalidade cuja limitação (entenda-se negociação) não ofenda a ordem pública (Código Civil, artigo 81.º). Note-se que, também nestes casos, não há diferença entre o poder jurisdicional dos árbitros e o poder dos juízes dos tribunais estaduais.[58]

III– O Projecto de Lei de Arbitragem elaborado pela Associação Portuguesa de Arbitragem, acolheu a tese de SAMPAIO CARAMELO, sendo certo que o critério da patrimonialidade dos direitos parece mais adequado no domínio das arbitragens administrativas. O art. 1.º, n.º 1, do Projecto APA estabelece o seguinte:

"Desde que por lei especial não esteja submetido exclusivamente aos tribunais do Estado ou a arbitragem necessária, qualquer litígio respeitante a interesses de natureza patrimonial pode ser cometido pelas partes, mediante convenção de arbitragem, à decisão dos árbitros."

---

58 (¹) *A Convenção* cit., pág. 87-88.

Mas o n.º 2 deste artigo do Projecto admite a validade de uma convenção de arbitragem relativa a litígios que não envolvam interesses de natureza patrimonial, desde que as partes possam celebrar transacção sobre a pretensão em litígio (critério subsidiário da transigibilidade). Esta solução inspira-se na 2.ª parte do §1030.º, n.º da ZPO.

IV- Há casos em que é difícil saber se a adopção de qualquer um destes critérios permite uma resposta segura à questão da arbitrabilidade do correspondente litígio, sendo certo que em muitas ordens jurídicas as questões têm sido afrontadas e decididas de modos diversos.

RAÚL VENTURA e SAMPAIO CARAMELO abordam casos clássicos. Valerá a pena indicá-los, brevemente:

- acções executivas (o entendimento geral é de que não são arbitráveis - art. 30.º da LAV; a verdade é que o legislador do processo civil português veio a consagrar a possibilidade de confiar acções executivas a arbitragem institucionalizada – citada Lei n.º 18/2008, e arts. 11.º a 18.º do Decreto-Lei n.º 226/2008, de 20 de Novembro);

- pretensões derivadas de corrupção e tráfico

de influências – aparecem casos na prática arbitral internacional em que são formuladas pretensões de natureza creditícia com origem em acordos de gratificações, percentagens ou "luvas", formas de corrupção mais ou menos sofisticadas, em contratos internacionais. Tem havido decisões arbitrais que recusam tutela a tais créditos, com invocação da ordem pública internacional, seja considerando logo nula a cláusula compromissória e declarando-se o árbitro incompetente, seja considerando válida a cláusula compromissória e improcedente a acção arbitral dada a nulidade da estipulação contratual que gera a obrigação [59];

- conflitos individuais do trabalho (há ordens jurídicas que expressamente proíbem a arbitragem nestes casos, baseados numa ideia de ordem pública; entre nós há jurisprudência que aceita que são arbitráveis litígios decorrentes de contratos de trabalho desportivo);

- certos conflitos societários (por exemplo, anulação de deliberações sociais e procedimentos cautelares de suspensão dessas deliberações, frequentemente considerados como pretensões sobre direitos indisponíveis;

---

59 [1] Cfr. Raúl Ventura, *Convenção* cit., pág. 336.

inquéritos judiciais a sociedades[60];

- questões de arrendamento vinculístico (entre nós, há decisões que consideram a acção de despejo como acção relativa a direitos indisponíveis, havendo outras que admitem que a questão não é pacifica[61];

- questões sobre direitos de personalidade[62];

- questões de indemnização da clientela ou de indemnização por resolução nos contratos de agência ou outros contratos de distribuição[63];

60

[1] Cfr. a situação tratada no Acórdão da Relação do Porto de 17 de Abril de 2007, in www.dgsi.pt/jtrp, Pr. 0721539.

61

[1] Por exemplo, veja-se o Acórdão da Relação de Lisboa de 5 de Junho de 2007, in Colectânea de Jurisprudência, 2007, III, pág. 99, o qual considerou arbitrável o litígio, na linha do entendimento dos Profs. Luís Lima Pinheiro e Pinto Furtado – veja-se, todavia, o entendimento mais restritivo do primeiro, Arbitragem Transnacional, págs. 110-111.

62

[1] Cfr. acórdão do Supremo Tribunal de Justiça de 5 de Março de 2007, www.dgsi.jstj, proc. 06B3359, sobre a arbitrabilidade do direito de indemnização por violação do direito de personalidade de uma apresentadora de televisão.

63 [1] Há entre nós pontos de vista jurisprudenciais divergentes – vejam-se as decisões divergentes comentadas por Sampaio Caramelo, A Disponibilidade cit, pág. 1246 e segs: e ainda Acórdão da Relação do Porto de 11 de Janeiro de 2007, www.dgsi.jtrp, proc. n.º 0636141.

- questões respeitantes ao Direito da Concorrência e à Defesa da Concorrência[64];

- questões sobre a propriedade intelectual[65];

- A consignação em depósito por via judicial de uma renda locatícia e da respectiva indemnização por mora[66].

V - A dificuldade de resolver, em ordens jurídicas como a nossa, a questão da <u>arbitrabilidade</u> de alguns destes litígios não parece, porém, decisiva para optar pelo critério da <u>patrimonialidade</u> ou da <u>natureza económica</u> das pretensões e afastar o critério da <u>disponibilidade dos direitos</u>. De facto, tendo tais pretensões

---

64

[¹] Sobre esta matéria, Sampaio Caramelo, *Disponibilidade* cit., págs. 1258-1261, o qual mostra que, a partir do caso *Mitsubichi* julgado em 1985 pelo Supremo Tribunal norte-americano e do caso *Eco Swiss Chime Time v. Benetton International, BV*, julgado em 1999 pelo Tribunal de Justiça das Comunidades Europeias, se tem entendido que as questões de defesa da concorrência e *anti-trust* podem ser decididas por tribunais arbitrais, devendo os árbitros aplicar as normas europeias ou nacionais sobre defesa da concorrência.

65

[¹] Os direitos morais de autor não são arbitráveis, mas os litígios que não incidam sobre direitos indisponíveis são arbitráveis – arts. 56.º e 217.º do Código do Direito de Autor e de Direitos Conexos.

66

[¹] Cfr. Acórdão da Relação do Porto de 26 de Maio de 2008, Proc. n.º 08522236, in www.dgsi.pt.jtrp.

indubitável conteúdo patrimonial, nem sempre a arbitrabilidade pode ser defendida quanto a algumas delas, como mostrou o Prof. CARLOS FERREIRA DE ALMEIDA, afigurando-se relevante em alguns destes casos convocar outros critérios, nomeadamente o da disponibilidade dos direitos e até o da ordem pública (quando há opção clara do legislador no sentido da inarbitrabilidade).

21. Extensão da eficácia objectiva e subjectiva da convenção de arbitragem

I- A propósito ainda da matéria central da convenção de arbitragem, vale a pena abordar brevemente a problemática da extensão da mesma a outros litígios (eficácia objectiva) ou a outras partes (eficácia subjectiva).

A nossa lei exige, no caso do compromisso arbitral, que o litígio actual esteja aí determinado, não parecendo possível permitir aos árbitros, oficiosamente ou a requerimento das partes, estender esse compromisso a litígios conexos. Outra coisa se deverá sustentar se, na pendência de um processo arbitral, as partes acordarem sobre a extensão do objecto do litígio, operando uma ampliação do objecto da instância ou uma modificação objectiva desta[67].

No caso da extensão objectiva da convenção a outros litígios quando esta seja uma cláusula compromissória, a questão já não é

---

[67] [¹] Cfr. Raúl Ventura, *Convenção*, págs. 353-354.

tão clara e pressupõe frequentemente uma interpretação da vontade das partes ao indicarem a concretização da relação jurídica contratual ou extracontratual de que emergem os eventuais litígios[68].

É usual, nos países em que os tribunais demonstram uma atitude amistosa para com a arbitragem (*arbitration friendly*), que a jurisprudência aceite que o objecto do litígio pode e deve ser estendido e ampliado, para assegurar o efeito útil de arbitragem. Fala-se, por vezes, de uma predisposição *in favorem arbitrii* (ou *in favorem validitatis*).

É muito discutível, porém, tal orientação, que leva a sustentar, por exemplo, que, numa cláusula compromissória onde se refere que a mesma cobre todos os litígios emergentes do contrato, se vá até ao ponto de aí incluir questões de responsabilidade não contratual, seja por acto ilícito, enriquecimento sem causa ou até responsabilidade pré-contratual. Ou que se considere que a convenção de arbitragem contida no contrato principal abrange, salvo estipulação em contrário, os contratos acessórios ou conexos, a menos que nestes haja cláusulas compromissórias próprias[69]. Veja-se, porém, a decisão da Relação de Lisboa de 15 de Novembro de 2007 que considerou afastada da convenção a questão da invalidade de um contrato de

---

68

(1) Cfr. supra o texto transcrito de Raúl Ventura, *Convenção* cit., pág. 368, sobre o sentido da expressão "interpretação e execução do contrato".

69   (1) Cfr. Raúl Ventura, *Convenção* cit., págs. 357-361.

venda de acções na medida em que a questão de validade do contrato não podia ser reconduzida ao objecto previsto na convenção de arbitragem ("todos os eventuais litígios emergentes da interpretação, aplicação e execução do presente contrato")[70].

Em contrapartida, parece sustentável, atendendo ao princípio das garantias da defesa, que a parte demandada possa invocar excepções de compensação com certa amplitude ou mesmo possa deduzir pedidos reconvencionais baseados em questões derivadas do mesmo contrato ou relação jurídica, no exercício do seu direito de defesa[71].

O art. 33.º, n.º 4, do Projecto da APA é mais restrito, pois só admite a dedução de reconvenção pelo demandado, desde que o objecto do pedido reconvencional "seja abrangido pela convenção de arbitragem".

II– Quando se fala em extensão subjectiva ou *ratione personae* da convenção de arbitragem, alude-se à problemática de saber se, para além das partes da convenção (incluindo os seus sucessores *inter vivos* ou *mortis causa*), podem ser chamadas a intervir no processo arbitral terceiros que não foram identificados na convenção, nem a subscreveram.

De um modo geral, sustenta-se que o princípio da

70

(ꜰCfr. www.dgsi.pt/jtrl, proc. 7579/2007-8.

71

(1) Cfr. Gabrielle Kaufmann-Kohler/ A Rigozzi, ob cit, págs. 90-91; Raúl Ventura, *Convenção* cit., pág. 353.

relatividade das obrigações contratuais[72]impede tal extensão.

Já atrás aludimos à problemática dos grupos de sociedades (arts. 481.º e segs. do Código das Sociedades Comerciais) e até a dos cônjuges, e parece-nos que a lei não permite a extensão da eficácia subjectiva das convenções de arbitragem a terceiros que não as subscreveram, não sendo sucessores, em sentido amplo, dos primitivos subscritores. Claro que, por acordo entre as primitivas partes e terceiros, podem estes aderir a certa convenção de arbitragem, se tiverem interesse em tal. A circunstância de ser demandada uma entidade pública, vinculada por uma convenção de arbitragem inserida, por exemplo, num contrato de comércio internacional, não permite demandar em processo arbitral o Estado que detém o capital do ente público em causa.

Esta doutrina poderá conhecer limitações em casos de abuso do direito, quando se sustenta a possibilidade de afastar o véu da personalidade jurídica e encontrar o verdadeiro titular dos direitos oriundos de certo contrato (doutrina de *Durchgriff* ou do *piercing the corporate veil*). Deixa-se apenas enunciada uma questão de difícil solução jurídica[73].

Note-se que, de um modo geral, se sustenta na doutrina que

72

[1] Cfr. art. 406.º, n.º 2, do Código Civil.

73

[1] Cfr. Redfern/Hunter/Blackaby/Partasides, *ob cit*, págs. 240-243 sobre o caso *Dow chemical*, arbitragem CCI cuja decisão sobre extensão subjectiva da convenção não foi anulada pelos tribunais franceses.

não deve manter-se a convenção de arbitragem "em caso de novação subjectiva ou estender a sua aplicação ao co-devedor, ao fiador ou a outro garante de qualquer dos signatários (...)", desde que, claro, nenhum destes haja subscrito a convenção de arbitragem pré-existente[74].

III– Já quanto à sub-rogação legal, tem-se entendido em França, na Suíça e em Inglaterra que a pessoa sub-rogada está sujeita à convenção de arbitragem e pode dela beneficiar. É o que sucede, em regra, com a companhia de seguro que indemnizou o seu segurado e pretende agir contra a outra parte da convenção de arbitragem convencionada com o segurado (arts. 593, n.º 1, e 594.º do Código Civil).

74

[1] Cfr. Carlos Ferreira de Almeida, *Convenção* cit., pág. 94.

Capítulo IV

O Tribunal Arbitral

22. A constituição do tribunal arbitral, a sua composição e a designação dos árbitros. Convenções entre as partes e os árbitros sobre a organização da arbitragem e fixação do litígio arbitral

I— Depois de havermos estudado a convenção de arbitragem, enquanto negócio jurídico processual, quer na modalidade de compromisso arbitral, quer na de cláusula compromissória, importa ver como se dá execução à mesma, de forma a constituir o tribunal arbitral. Costuma falar-se a este propósito do efeito positivo da convenção de arbitragem.

Neste ponto, deve desde já distinguir-se consoante exista um processo judicial, ou antes quando não exista qualquer processo judicial. Na primeira situação, a contraparte pode, na contestação que venha a apresentar no processo judicial, nada dizer, conformando-se com a competência do tribunal estadual, "deixando cair" a convenção de arbitragem, ou, pelo contrário, deduzir como excepção a chamada preterição de tribunal arbitral, ou de violação de convenção de arbitragem. Nesta segunda hipótese, é natural que o tribunal judicial se abstenha de conhecer do mérito, absolvendo a parte demandada da instância[75]. Quando

---

75 (1) Art. 494.º, n.º 1, alínea j), e art. 495.º do CPC; Art. II, n.º 3, da Convenção

ocorre a "remessa" das partes para o tribunal arbitral pelo tribunal judicial (através da absolvição da instância, entre nós), tal resulta do efeito negativo da convenção de arbitragem[76].

Também pode suceder que haja violação de compromisso para submeter a tribunal arbitral certo litígio já existente (litígio actual). Trata-se, todavia, de situação menos frequente na prática, visto que as partes decidiram livremente comprometer-se em árbitros para resolver esse litígio concreto, sendo estranho que uma delas decida, depois, instaurar acção no tribunal judicial, embora tal possa suceder. Mais frequente, como se referiu, é a situação em que as partes de um processo judicial decidem pôr termo ao mesmo, por acordo, celebrando um compromisso arbitral para que um futuro tribunal arbitral decida esse litígio[77].Note-se que, nos termos do art. 290.º do Código de Processo Civil, o tribunal judicial tem de examinar se "o compromisso é válido em atenção ao seu objecto e à qualidade das pessoas", sendo intuitivo que deva "rejeitar" esse compromisso se os direitos exigidos em juízo forem indisponíveis (caso de inarbitrabilidade) ou, em caso de litisconsórcio necessário, se uma das partes não tiver subscrito o

de Nova Iorque de 1958: o envio das partes para a arbitragem, a pedido da parte demandada no tribunal judicial, só não ocorre se o tribunal estadual "constatar a caducidade da referida convenção, a sua inexequibilidade ou insusceptibilidade de aplicação".

76

[¹] Cfr Raúl Ventura, *Convenção*, pág. 379 e segs.

77

[¹] Cfr. arts. 287.º, alínea b) e 290.º do CPC.

compromisso. No caso de ser inválido ou ineficaz o compromisso, não se opera a extinção da instância judicial.

Vamos, porém, concentrar a nossa atenção na situação normal em que existe uma convenção de arbitragem, em qualquer das suas modalidades, e não existe qualquer processo judicial sobre o mesmo litígio entre as partes.

II–   A situação desejável é a de que, havendo uma convenção de arbitragem, sobretudo uma cláusula compromissória, as partes cooperem na constituição célere do tribunal arbitral, não procurando uma delas eximir-se ao exercício da faculdade de designar o árbitro ou árbitros para decidir o litígio arbitral. A prática mostra que, infelizmente em numerosos casos, uma das partes não está interessada em cooperar na constituição do tribunal e no seu funcionamento.

Em termos de Direito Comparado, verificamos que são mais frequentes os tribunais arbitrais compostos por árbitro único ou por três árbitros. Mas há exemplos de arbitragens com mais de três árbitros, normalmente com um número impar (5 ou 7 árbitros), embora muito raros, e há até, em certos países, casos de arbitragens com um número par de árbitros (por exemplo, dois). Mesmo em Portugal, há casos de arbitragem desportiva com um número par de árbitros. A autonomia da vontade das partes, ao celebrarem a convenção de arbitragem, tem uma grande amplitude. É aconselhável que, no momento de celebração da convenção de arbitragem, fique definido aí o número de árbitros e que o mesmo conste da convenção.

Note-se que a Lei-Modelo permite às Partes prever qualquer número de árbitros (art. 10.º, n.º 1).

Quando se trata de arbitragem institucional, no silêncio da convenção de arbitragem, são os Regulamentos que definem a solução aplicável. Hoje pode encontrar-se uma tendência para o sistema de <u>árbitro único</u>, nomeadamente como meio de não encarecer a solução de recurso a arbitragem (um só árbitro recebe, nos termos do regulamento, honorários inferiores a três árbitros...). É paradigmático, entre nós, o caso do Centro de Arbitragem Comercial da Associação Comercial de Lisboa/Câmara de Comércio e Indústria Portuguesa: no seu Regulamento de 1987, previa como solução-regra a de o tribunal arbitral ser composto por três árbitros; agora, no silêncio da convenção de arbitragem, o Regulamento de 2008, art. 5.º, n.º 2, prevê como solução supletiva, a de árbitro único, tal como sucede com o art. 8.º, n.º 2, do Regulamento de Arbitragem CCI, embora aí se preveja que a *Cour d'Arbitrage*, órgão administrativo de gestão do Centro, possa nomear três árbitros, atendendo ao concreto litígio que seja susceptível de justificar um tribunal mais complexo.

Alude-se também ao sistema de *umpire*, tradicional no direito inglês[78]. O *umpire* em regra julga o litígio arbitral quando os

---

[78] (1) Art. 8.º do *Arbitration Act* de 1950: "salvo convenção em contrário, entende-se que a convenção de arbitragem que prevê dois árbitros deve ser considerada como tendo uma estipulação de que os dois árbitros nomearão um *umpire* logo depois da respectiva nomeação"; art. 21.º da *Arbitration*

árbitros não conseguem chegar a acordo entre si sobre a forma de resolução do litígio, funcionando então como árbitro único, ou então caber-lhe-á a ele fazer maioria com um dos árbitros.

Note-se que, criticavelmente, o art. 4.º, n.º 1, alínea b), da LAV estabelece a caducidade do compromisso arbitral e a ineficácia da cláusula compromissória se, tratando-se de um tribunal arbitral colectivo, não puder formar-se maioria na deliberação dos árbitros[79].

III– A nossa LAV prevê, no seu art. 6.º, n.º 1, que o tribunal arbitral possa ser constituído por um único árbitro ou por vários, em número impar. No silêncio da convenção de arbitragem e não havendo escrito posterior assinado pelas partes a fixar o número de árbitros, o tribunal arbitral será composto por três árbitros (art. 6.º, n.º 2). Os árbitros têm de ser pessoas singulares e plenamente capazes (art. 8.º da LAV), não carecendo de ser juristas. Por vezes, as convenções de arbitragem prevêem certas qualificações profissionais exigidas para os árbitros.

Não parece, assim, legalmente possível entre nós haver tribunais arbitrais compostos por um número par de árbitros. O art. 15.º da *Arbitration Act* inglês de 1996 e o art. 360.º, n.º 2, do

_____

Act 1996.

79

[1] Ver, porém, o art. 20.º, n.º 3, da LAV, onde se estabelece que, no caso de não se formar a maioria necessária apenas por divergência quanto ao montante da condenação em dinheiro, a questão considera-se decidida no sentido do voto do presidente, salvo diferente convenção das partes.

Código federal de Processo Civil suíço prevêem uma solução razoável: tendo as partes optado por um número par de árbitros, a lei presume que deve ser nomeado um árbitro suplementar para presidir ao tribunal arbitral.

O art. 7.º, n.º 1, da LAV estabelece que a designação dos árbitros deve constar da convenção de arbitragem ou de escrito posterior por elas assinado ou, então, deve por elas ser fixado o modo de escolher os árbitros.

Se a convenção de arbitragem for um compromisso arbitral é normal que dele conste a identidade do árbitro ou árbitros ou, em caso de ser um tribunal arbitral de três membros, pelo menos de dois deles, fixando-se o modo de escolha do terceiro. Se se tratar de uma cláusula compromissória, é menos frequente que haja logo a designação das pessoas dos árbitros, podendo, quando muito, daquela constar o modo de designação dos árbitros.

Estatui o n.º 2 do art. 7.º da LAV:

"Se as partes não tiverem designado o árbitro ou os árbitros nem fixado o modo da sua escolha, e não houver acordo entre elas quanto a essa designação, cada uma indicará um árbitro, a menos que acordem em que cada uma delas indique mais de um em número igual, cabendo aos árbitros assim designados a escolha do árbitro que deve completar a constituição do tribunal."

O art. 11.º da LAV (com redacção alterada do n.º 3 pelo art. 17.º do Decreto-Lei n.º 38/2003) estabelece em termos claros o processo de constituição do tribunal arbitral, prevendo fundamentalmente o caso de cláusulas compromissórias.

A parte que pretenda instaurar o litígio no tribunal arbitral deve notificar a outra parte, através de carta registada com aviso de recepção, indicando a convenção de arbitragem e precisando o objecto do litígio, se ele não resultar já da convenção. Nessa carta, deve indicar o nome do árbitro ou árbitros que lhe cumpra escolher, convidando a outra parte a designar o árbitro ou árbitros cuja designação lhe cabe. Se estiver previsto que o tribunal arbitral será composto por árbitro único designado por ambas as partes, deve propor o nome de uma pessoa para o efeito, convidando a outra parte a aceitá-lo (art. 11.º n°s 1 a 5).

No caso de pertencer a terceiro a designação de um ou mais árbitros – é usual falar-se de entidade nomeante, sendo frequente prever-se que seja o titular de um certo cargo ou órgão -, como pode ser o Bastonário da Ordem dos Advogados, o presidente de um Conselho Distrital desta Ordem, o Presidente do Centro de Arbitragem Comercial da Associação Comercial de Lisboa, o presidente do Conselho Científico de uma Faculdade de Direito, etc. – terá a parte interessada na instauração da arbitragem de provocar essa designação, notificando o terceiro para efectuar essa designação e a comunicar a ambas as partes (art. 11.º, n.º 6, da

LAV).

Se a outra parte corresponder ao convite, no prazo de um mês a contar da recepção da carta registada acima referida (cfr. art. 12.º, n.º 2, da LAV), deverá indicar o nome do árbitro ou árbitros que lhe cumpra nomear e, em caso de discordância, precisar o objecto do litígio. Poderá igualmente ampliar o objecto do litígio indicado pela parte interpelante (cfr. art. 11.º, n.º 3, parte final, da LAV).

Se a parte notificada não reagir ao convite feito para designar o árbitro ou árbitros que lhe couber designar ou para acordar sobre a proposta de árbitro único, caberá a designação ao presidente do tribunal da Relação competente em função do lugar fixado para a arbitragem ou, na falta de tal designação, do domicílio do requerente.

Por outro lado, se a escolha do terceiro árbitro (ou quinto ou sétimo...) couber aos árbitros designados pelas partes (art. 7.º, n.º 2, da LAV) e estes não conseguirem chegar a acordo sobre tal designação, caberá a mesma ao Presidente do Tribunal da Relação competente, nos termos referidos.

Dispõem os n.ºs 2 a 4 do art. 12.º da LAV, com a redacção introduzida pelo art. 17.º do DL n.º 38/2003:

> *"2- A nomeação pode ser requerida passado um mês sobre a notificação prevista no artigo 11.º, n.º 1, no caso contemplado nos n.ºs 4 e 5 desse*

artigo, ou no prazo de um mês a contar da nomeação do último dos árbitros a quem compete a escolha, no caso referido no artigo 7.º, n.º 2.

3- As nomeações feitas nos termos dos números anteriores não são susceptíveis de impugnação.

4- Se a convenção de arbitragem for manifestamente nula, deve o Presidente do Tribunal da Relação declarar não haver lugar à designação de árbitros; da decisão cabe reclamação para a conferência, precedendo distribuição, e do acórdão que esta proferir cabe recurso, nos termos gerais"[80].

<u>Repare-se que, se houver discordância sobre o objecto do litígio, a mesma será resolvida pelo próprio tribunal arbitral</u> (entre 1986 e 2003, a determinação do objecto do litígio cabia aos tribunais judiciais, em caso de falta de acordo entre as partes, o que constituía um entrave importante ao desenvolvimento da arbitragem).

Tratando-se de litígios de natureza administrativa, regulados no CPTA, a nomeação do árbitro ou árbitros é feita pelo Presidente do Tribunal Central Administrativo Norte ou Sul, consoante o lugar da arbitragem ou, na falta deste, do domicílio do requerente (art.

---

[80] [1] Deve notar-se que este n.º 4, alterado em 2003, prevê que, em caso de recusa de nomeação pelo presidente do Tribunal da Relação com fundamento em nulidade, a sua decisão deve ser objecto de reclamação para a conferência de 3 desembargadores, havendo distribuição para se designar o relator. No silêncio da lei, a reclamação deve ser interposta no prazo geral de 10 dias previsto no art. 153.º CPC.

181.º, n.º 2, CPTA).

IV- É frequente na arbitragem *ad hoc* os árbitros designados e as partes ajustarem um acordo – que se designa, por vezes, por contrato de arbitragem – onde se fixam as condições de prestação de serviço dos árbitros (honorários; reembolso de despesas de deslocação) e também as regras processuais da arbitragem, se não estiverem fixadas antes. Fala-se também de *receptum arbitri*.

Por vezes, na prática portuguesa, o acordo das partes do processo arbitral é tácito em relação às regras unilateralmente fixadas pelos árbitros na chamada "Acta de Instalação do Tribunal Arbitral", onde se consignam certas regras processuais e a matéria dos custos de arbitragem, incluindo os honorários dos próprios árbitros e do secretário do tribunal se tiver sido designado (é frequente estipular-se um conjunto de "preparos" ou de entregas por conta, de forma a garantir o pagamento futuro desses honorários e encargos). De facto, sendo comunicada a Acta da Instalação e vindo as partes a realizar os preparos que vierem a ser determinados, tal comportamento configura a aceitação do proposto.

Recorda-se que o art. 5.º da LAV regula a matéria dos encargos do processo, estabelecendo que "a remuneração dos árbitros e dos outros intervenientes no processo, bem como a sua repartição entre as partes deve ser fixada na convenção de arbitragem ou em documento posterior subscrito pelas partes, a menos que resultem dos regulamentos de arbitragem escolhidos nos termos do artigo 15.º"

Quando se trata de arbitragem institucionalizada, o estatuto dos árbitros, em especial em matérias remuneratórias, resulta do disposto nos respectivos regulamentos (é frequente, na arbitragem *ad hoc*, os árbitros e as partes acordarem sobre a aplicação, por remissão do disposto nesses regulamentos, em matéria de honorários dos árbitros e encargos do processo). É usual as tabelas de honorários fazer variar os honorários em função do valor das pretensões apresentadas em juízo arbitral através do estabelecimento de uma permilagem (critério *ad valorem*), embora haja instituições que acolhem um sistema remuneratório em função do número de horas estimado para o trabalho dos árbitros, em função de complexidade do caso.

Escreve o Prof. LIMA PINHEIRO:

"*O contrato que liga as partes aos árbitros designados por acordo, bem como cada uma das partes aos árbitros por si designados, pode designar-se por <u>contrato de árbitro</u> (...)*

A qualificação e a construção do contrato de árbitro são pontos controversos. A orientação dominante encara o contrato de árbitro como um contrato de Direito substantivo, mas os seus defensores dividem-se entre os que entendem

> *tratar-se de um contrato típico, submetido directamente ao regime da prestação de serviço ou, em particular, ao regime de mandato (...); os que defendem a tese do contrato <u>sui generis</u> análogo ao mandato (...) e os que, entendendo igualmente que se trata de um contrato <u>sui generis</u>, afastam em princípio a aplicação analógica de qualquer contrato típico (...). A esta orientação opõe-se a concepção processualista, que vê no contrato de árbitro um contrato processual (...)."*[81]

Tal como este autor, afigura-se que o contrato de arbitragem é um <u>contrato de Direito substantivo</u> que regula a prestação de serviço dos árbitros, visto que o estatuto de árbitro decorre da sua designação nos termos da lei aplicável à arbitragem. Aplicando-se no direito português as regras do mandato a esta prestação de serviço (cfr. art. 1156.º CC), tem de haver uma adaptação, uma vez que os árbitros não têm de seguir quaisquer instruções dos "mandantes" (partes de processo). Em caso de uma das partes se desinteressar da arbitragem, abstendo-se de designar árbitro de parte, dificilmente se poderá encontrar qualquer vínculo contratual com os árbitros, se não vier a participar no processo arbitral, não praticando aí quaisquer actos processuais.

Deve notar-se que os árbitros incorrem em responsabilidade contratual perante as partes por inexecução contratual, nomeadamente se não proferirem decisão no período estabelecido

---

81   [1] *Arbitragem Transnacional* cit., págs. 129-130.

por causa que lhes seja imputável. Já, porém, a falta de qualidade da decisão final não parece gerar responsabilidade contratual aos árbitros:

> "... importa evitar que através da acção de responsabilidade contra os árbitros se possa colocar indirectamente em causa o conteúdo da decisão (...). O receio de uma acção de responsabilidade por actos jurisdicionais também poderia comprometer a independência dos árbitros e levar muitas pessoas a recusar tal encargo.
>
> Daí que todos os sistemas consultados limitem a responsabilidade dos árbitros pelos actos praticados no exercício da função jurisdicional (...). A tendência dominante vai no sentido da exclusão da responsabilidade fundada em negligência. Uma exoneração total de responsabilidade, tal como se encontra estabelecida em alguns regulamentos de arbitragem, é geralmente considerada inválida (cfr. no Direito Português, o art. 809.º CC)"[82]

Há regras específicas sobre responsabilidade dos árbitros na LAV (arts. 9.º, n.º 3, e 19.º, n.º 5).

A responsabilidade dos árbitros é apreciada nos tribunais de primeira instância em Portugal, não podendo prevalecer-se do

---

[82] [1] L. Lima Pinheiro, *Arbitragem Transnacional*, pág. 131.

processo especial de acções contra magistrados[83].

V– Frequentemente, a fixação do objecto do litígio arbitral consta do acordo de arbitragem ou contrato de árbitro, sendo consensualizada entre as partes e os árbitros, nomeadamente quando há alguma divergência na troca de correspondência a que alude o art. 11.º da LAV.

VI– O carácter contratual do vínculo entre os árbitros e as partes é acentuado pelo princípio da liberdade de aceitação do encargo de arbitrar. Dispõe o art. 9.º da LAV:

> *"1. Ninguém pode ser obrigado a funcionar como árbitro; mas se o encargo tiver sido aceite, só será legítima a escusa fundada em causa superveniente que impossibilite o designado de exercer a função.*
>
> *2. Considera-se aceite o encargo sempre que a pessoa designada revele a intenção de agir como árbitro ou não declare, por escrito dirigido a qualquer das partes, dentro dos dez dias subsequentes à comunicação da designação, que não quer exercer a função.*
>
> *3. O árbitro que, tendo aceite o encargo, se*

83

[1] Assento do Supremo Tribunal de Justiça de 15 de Fevereiro de 1978, in *Bol. Min. Justiça*, n.º 274, pág. 91.

*escusar injustificadamente ao exercício da sua
função responde pelos danos a que der causa."*

23.   A problemática da pluralidade inicial de partes

I- No que toca à constituição do tribunal arbitral reveste-se de relevância a circunstância de a parte requerente ou demandante – a que desencadeia o processo arbitral – ser singular ou plural, ou de a parte requerida ou demandada ser singular ou plural, ou de ambas as partes serem constituídas por uma pluralidade de pessoas singulares ou colectivas.

Na verdade, o modelo tipificado na LAV parte do princípio de que existe apenas um demandante, pessoa singular ou colectiva, e apenas um demandado, tal como sucede, de resto, com a maior parte das leis estrangeiras de arbitragem: cada parte escolhe um membro do tribunal arbitral, o chamado árbitro de parte, e, depois, prevê-se, em regra, o modo de escolha do terceiro árbitro, no caso de falta de acordo das próprias partes ou dos árbitros por elas designados.

Sucede, porém, que são cada vez mais frequentes casos de arbitragens com pluralidade inicial de partes: marido e mulher desencadeiam uma arbitragem contra outro casal; o dono de uma obra pretende instaurar uma arbitragem contra dois empreiteiros encarregados de construir partes da mesma obra; uma contraente estrangeira pretende instaurar uma arbitragem contra uma empresa de capitais públicos e o respectivo Estado accionista dessa empresa, etc.

Em muitos destes casos não se suscitam especiais dificuldades na escolha de um árbitro comum. Por vezes, os casais são representados por um mesmo advogado, tal como o Estado estrangeiro e a sua empresa pública são representados pelo mesmo advogado, o que facilita o processo de escolha desse árbitro.

Há, porém, casos em que as partes plurais têm interesses divergentes (são ambas visadas pelo futuro demandante como responsáveis solidários, embora uma destas considere, por exemplo, que o incumprimento provém exclusivamente de actos da outra, não havendo solidariedade), solução em que a escolha de um único árbitro se torna complicada.

Nas situações de impasse na escolha de um árbitro comum, pode suceder que o(s) futuro(s) demandante(s) tenham de recorrer ao presidente da Relação competente para que nomeie um árbitro aos futuros demandados, uma vez que eles não conseguem pôr-se de acordo quanto à nomeação do "seu" árbitro de parte.

Teremos então uma situação em que a parte que desencadeia a arbitragem, seja ela singular ou plural, dispõe de um árbitro de parte por ela livremente escolhido, ao passo que a parte demandada, por ser plural e não se entender internamente, vai dispor de um árbitro designado pela entidade nomeante (o presidente da Relação, entre nós; um tribunal estadual noutros países; o órgão competente do centro de arbitragem, na arbitragem institucionalizada). Poder-se-á falar aqui de uma desigualdade entre as partes, embora imputável aos membros de uma parte plural.

II– Face à relativa frequência destas situações na arbitragem internacional ou transnacional, muito regulamentos de centros de arbitragem institucionalizada passaram a prevê-las, de forma a assegurar o princípio da igualdade das partes no processo. No caso de haver árbitro único, a solução passa por tal designação ser feita pela entidade nomeante. No caso de se tratar de tribunal de três árbitros, ou se verifica acordo interno entre as partes plurais (na chamada arbitragem multipartes, *multi party arbitration*) ou, então, surge um problema que urge resolver à luz do princípio da igualdade das partes.

A *Cour de cassation* francesa, no Acórdão *Dutco* (1992), considerou que não era legal a regra do regulamento da CCI que impunha às partes plurais o acordo sobre a pessoa do árbitro a designar por elas em conjunto, sob pena de ser o órgão administrativo do Centro a nomear o árbitro em substituição destas, uma vez que tal conduzia a que a parte demandante escolheria o "seu" árbitro, ao passo que a parte plural demandada, em caso de desacordo, se via privada de escolher o "seu" árbitro.

Esta decisão levou a que a CCI alterasse o n.º 2 do art. 10.º do seu Regulamento, passando a dispor que, na falta de designação conjunta de árbitro e de qualquer outro acordo entre as partes sobre as modalidades de constituição do tribunal arbitral, a *Cour* (órgão administrativo que supervisiona na CCI as arbitragens institucionais) <u>pode</u> nomear cada um dos membros do tribunal arbitral e designar, entre eles, o que exerce as funções de presidente. Esta solução, em nome do princípio de igualdade das partes, acaba por prejudicar a parte demandante, seja ela singular ou plural, que escolhera o seu árbitro, vindo a ser privada do mesmo.

III- O novo Regulamento de 2008 do Centro de Arbitragem Comercial da Associação Comercial de Lisboa passou a prever esta situação no seu art. 8.º, sob a epígrafe "Pluralidade de demandantes ou demandados":

> *"1- No caso de pluralidade de partes, considera-se como parte, para efeitos de nomeação de árbitros, o conjunto dos demandantes ou dos demandados.*
>
> *2- Sendo o tribunal arbitral composto de três árbitros, se um conjunto de partes não acordar na escolha do árbitro que lhes cabia nomear, a designação desse árbitro será efectuada pelo Presidente do Centro.*
>
> *3- No caso que se refere o número anterior, o Presidente do Centro poderá ainda, se o considerar justificado, nomear o árbitro cuja*

> *designação caberia à outra parte, pertencendo-lhe também, se o fizer, a imediata designação do terceiro árbitro."*

Estas regras acabadas de transcrever foram influenciadas pela nova redacção do art. 10.º do Regulamento de Arbitragem da CCI (versão em vigor a partir de 1 de Janeiro de 1998) que vai ao encontro da jurisprudência *Dutco*.

IV– No que toca à arbitragem *ad hoc*, no silêncio da nossa LAV, é seguro que o árbitro escolhido por uma das partes não pode ser removido se a outra parte plural não se entender na escolha do "seu" árbitro de parte, tendo de recorrer-se ao presidente da Relação competente para o efeito de designação do mesmo. Caberá, depois, a estes árbitros a escolha do terceiro nos termos normais.

O Projecto da APA admite que o tribunal estadual possa nomear a totalidade dos árbitros e designar de entre eles quem será o presidente, em caso de pluralidade de partes requeridas com interesses conflituantes e que não tenham conseguido chegar a acordo para nomear o "seu" árbitro (art. 11.º, n.º 3).

V– O art. 14.º da LAV regula a figura do presidente do tribunal. Quando o tribunal seja constituído por mais de um árbitro, em número impar, os árbitros de parte escolhem em princípio o presidente, a menos que as partes tenham estipulado outra solução. Na falta de acordo dos árbitros ou das partes, a escolha é feita pelo presidente do Tribunal da Relação.

24. Intervenção do tribunal estadual na constituição do tribunal arbitral

I- As situações de falta de acordo na escolha dos árbitros criam situações de impasse que põem em risco a solução de recurso à arbitragem, visto que impedem que exista um tribunal arbitral pronto a funcionar.

É, por isso, que, tradicionalmente, as leis de arbitragem prevêem uma intervenção supletiva dos tribunais estaduais para assegurar que a falta de vontade de uma das partes para dar execução à convenção de arbitragem não prejudica a outra, impedindo o funcionamento pleno da solução arbitral.

A Lei-Modelo prevê, com efeito, no seu art. 11.º, n.º 3, que, na falta de um acordo entre as partes para nomear o árbitro ou árbitros, importa distinguir as situações de tribunais arbitrais com três árbitros e tribunais arbitrais de árbitro único: na primeira situação, as soluções são sucessivamente ordenadas (designação de um árbitro por cada parte e escolha do terceiro pelos dois árbitros de parte; no caso de não designação de um dos árbitros de parte ou de falta de acordo dos árbitros para escolher o terceiro árbitro no prazo de 30 dias aí previsto, "a nomeação é feita, a pedido de uma das partes, pelo tribunal ou outra autoridade referidos no artigo 6"); na segunda situação, de árbitro único, na falta de acordo das partes sobre a escolha de tal árbitro, este será nomeado, a pedido de uma das partes, pelo tribunal ou outra autoridade referidos no art. 6.º (A Lei-Modelo prevê que cada Estado que a adopte indique o tribunal, os tribunais, ou, para os casos em que a mesma lei o admita, uma outra autoridade competente para desempenhar essas funções).

II– Deve notar-se que esta intervenção dos tribunais estaduais dos diferentes Países nos processos arbitrais instaurados ou a instaurar está prevista nas diferentes leis internas de arbitragem, sejam ou não as mesmas mais ou menos influenciadas pela Lei-Modelo.

Todavia, põem-se aqui certos aspectos de natureza "filosófica" que são controvertidos entre os cultores do Direito de Arbitragem Internacional.

Com efeito, trava-se uma discussão entre alguns doutrinadores do Direito da Arbitragem Internacional sobre a questão de saber se pode haver arbitragens totalmente "desligadas" de qualquer ordem jurídica, nomeadamente da Ordem da sede da arbitragem ou do lugar onde esta decorre.

A visão tradicional e largamente maioritária sustenta que não pode haver arbitragens totalmente deslocalizadas, na medida em que a fonte dos poderes dos árbitros se encontra na Ordem

Jurídica do Estado onde se organiza a arbitragem. Tal visão é predominante nos cultores dos países da *common law*, tendo o Juiz inglês MICHAEL KERR afirmado numa decisão que:

> *"Apesar de sugestões em sentido contrário feitas por alguns autores sapientes no âmbito de outros sistemas, a nossa doutrina (jurisprudence) não reconhece o conceito de processos arbitrais a flutuar no firmamento transnacional, desligados de qualquer sistema de direito interno"*[84]

Contra este ponto de vista, parte da doutrina francesa – onde avultam nomes como R. FOUCHARD, E. GAILLARD e B. GOLDMAN – sustenta que é possível, na arbitragem internacional, haver arbitragens totalmente "deslocalizadas" ou desligadas de qualquer ordem jurídica, nomeadamente da do Estado da sede da arbitragem, em que a fonte dos poderes dos árbitros se situa no conjunto dos Direitos nacionais que se declaram prontos a reconhecer as sentenças arbitrais, desde que se encontrem reunidos certos requisitos previstos, por exemplo, na Convenção de Nova Iorque de 1958 sobre o reconhecimento e execução das sentenças arbitrais. Nessa medida, o Direito do Estado da sede da arbitragem não é mais do que um entre muitos Direitos. Em 1963, BERTHOLD GOLDMAN afirmava que, salvo se nos mantivermos

---

84 (ʲCaso *Bank Mellat v. Helliniki Techniki SA,* julgado em 1983 pela *High Court of Justice.*

vinculados à referência, racionalmente injustificável, ao sistema de conexão da sede arbitral, "qualquer pesquisa relativa a um sistema de conexão correspondente à natureza da arbitragem internacional desemboca na necessidade inelutável dum sistema autónomo e não nacional"[85].

Esta discussão dura há algumas décadas e tem importância na medida em que cada uma das visões sustenta pontos de vista diferentes sobre as regras a aplicar em matéria processual pelo árbitros, no silêncio das partes da convenção de arbitragem, e sobre a resolução dos problemas de conflitos de leis respeitantes à escolha do direito substantivo que rege a validade e a eficácia da convenção de arbitragem.

III- Independentemente da visão "filosófica" que se adopte, na linha da "deslocalização" das arbitragens internacionais ou, antes, na linha de uma necessária conexão ao Ordenamento da sede da arbitragem, a verdade é que todos reconhecem que as fontes internacionais e os direitos internos de arbitragem prevêem situações de intervenção ou de interferência de certos tribunais estaduais sobre processos arbitrais que decorrem no respectivo Ordenamento ou até em Ordenamentos estrangeiros.

Bastará referir, entre outros:

---

[85] (¹)Citado por Emmanuel Gaillard, texto de 2004 transcrito em Gabrielle Kaufmann-Kohler / Antoine Rigozzi, Ob cit, pág. 57.

Armindo Ribeiro Mendes/Teresa Da Cunha Lopes

- a intervenção do tribunal estadual, durante a fase de constituição do tribunal arbitral, na escolha dos árbitros (arts. 5.º e 6.º da Lei-Modelo da CNUDCI/UNCITRAL, com referência às situações previstas nos arts. 11.º, n°s 3 e 4);

- a intervenção do tribunal estadual na recusa de árbitros (art. 13.º, n.º 3 da Lei-Modelo);

- intervenção do tribunal estadual para fazer cessar o status de árbitro, em caso de inacção deste (art. 14.º, n.º 1, da Lei-Modelo);

- a intervenção do tribunal estadual para apreciar a decisão sobre a competência do próprio tribunal arbitral (art. 16.º, n.º 3, da Lei-Modelo);

- intervenção do tribunal estadual no processo de anulação da sentença arbitral (art. 34.º, n.º 2, da Lei-Modelo).

Os Direitos internos em matéria de arbitragem tipificam as situações em que os tribunais estaduais podem interferir relativamente a processos arbitrais.

IV- Na LAV portuguesa, são indicadas as situações em que o Legislador autoriza os tribunais do Estado a intervir, a requerimento de uma das partes, em processos arbitrais a decorrer no território nacional (em que, por regra, a sede de arbitragem se situa em Portugal – art. 37.º da LAV):

148

- intervenção do presidente do Tribunal da Relação (ou do presidente do Tribunal Central Administrativo) para nomeação de árbitros – art. 12.º, n.º 1, da LAV;

- intervenção dos mesmos presidentes em caso de substituição de árbitros (art. 13.º da LAV);

- intervenção dos presidentes desses tribunais para escolha do árbitro presidente, quando tal escolha não tenha sido efectuada pelos árbitros ou, eventualmente, pelo modo convencionado pelas partes (art. 14.º, n.º2, da LAV);

- intervenção do tribunal estadual para assistir ao tribunal arbitral em matéria da produção de prova (art. 18.º, n.º 2, da LAV);

- intervenção dos tribunais estaduais em caso de pedidos de anulação de sentenças arbitrais (arts. 27.º e 28.º da LAV) ou de interposição de recurso da mesma decisão (art. 29.º da LAV).

V- Nesta sede interessam-nos apenas as intervenções que ocorrem nos três primeiros casos por terem conexão com a problemática de constituição do tribunal arbitral.

25.   **Impedimentos e recusa dos árbitros. Substituição de árbitros**

I- Os impedimentos dos árbitros surgem como formas de evitar que seja posta em causa a independência dos mesmos em relação às partes e ao objecto do litígio.

Nos vários ordenamentos jurídicos tem vindo nos últimos anos a acentuar-se a preocupação dos legisladores de criarem regras destinadas a assegurar a seriedade e a transparência da arbitragem voluntária, criando um regime de tutela da independência e imparcialidade dos árbitros, tal como sucede com os juízes dos tribunais estaduais.

O art. 12.º, n.º 1, da Lei-Modelo prevê que a pessoa sondada para ser árbitro – seja árbitro único, seja árbitro de um tribunal colegial, e independentemente da origem da sua designação – deve revelar (*disclose*) "todas as circunstâncias que possam levantar fundadas dúvidas sobre a sua imparcialidade ou independência. A partir da data da sua nomeação e durante todo o processo arbitral, o árbitro fará notar sem demora às partes as referidas circunstâncias, a menos que já o tenha feito". Fala-se internacionalmente de um dever de revelação dos árbitros (*duty to disclose*).

Além do dever de revelação do árbitro de situações de dúvida sobre a sua imparcialidade e independência, dá-se a cada uma das partes a faculdade de pôr em causa tal imparcialidade e independência, levando à recusa do árbitro. Como bem se compreende, sendo, em regra, os árbitros julgadores não profissionais, que desempenham outras funções remuneradas (advogados; professores de Direito; engenheiros; economistas, etc.), é maior a probabilidade de ter havido contactos profissionais anteriores com as partes do processo arbitral. Os arts. 11.º, n.º 2, e 12.º da Lei-Modelo regulam a impugnação (*challenge*) do árbitro.

A jurisprudência de muitos países fala da <u>independência de espírito</u> dos árbitros, a sua falta de dependência de uma das partes. Faz-se, por regra, a equiparação do estatuto do árbitro à do juiz estadual.

Na Europa, é frequente relativamente à arbitragem a invocação do art. 6.º da Convenção Europeia dos Direitos do Homem (CEDH), que garante a todos a audiência pública e de forma equitativa perante um tribunal independente e imparcial estabelecido por lei,. Embora os árbitros não façam parte de um tribunal estabelecido por lei (tribunal estadual), é em regra aceite que este princípio geral também é aplicável à arbitragem, instituto de justiça privada que também é organizado pela lei.

Por regra exige-se que os árbitros sejam <u>independentes</u>, tal como sucede quanto aos juízes dos tribunais estaduais (veja-se o art. 6.º da Convenção Europeia dos Direitos do Homem de 1950).

Na doutrina mais recente e em algumas legislações exige-se que todos os árbitros sejam também <u>imparciais</u>.

Escrevem POUDRET e BESSON:

"Com vista à sua tarefa jurisdicional, o árbitro não deve estar ligado a qualquer das partes e não deve ter qualquer interesse no resultado do litígio. Deve ser independente, termo que é utilizado aqui no sentido mais lato e que será definido de forma mais clara adiante. Este requisito deve existir não só na fase da constituição do tribunal arbitral, mas continuar até ao fim da arbitragem (...).

Podia ser concebível que, sendo o tribunal arbitral composto por três membros, os critérios de independência pudessem diferir relativamente aos árbitros designados pelas partes e em relação ao presidente. Este modo de encarar as coisas tem sido especialmente advogado nos Estados Unidos, mas foi abandonado pelo Código de Ética para Árbitros em litígios comerciais de 2004 (elaborado sob os auspícios da AAA [American Arbitration Association] e da American Bar Association), o qual estabelece uma presunção de neutralidade quanto a todos os árbitros, incluindo os designados pelas partes (...). As regras de Ética da International Bar Association (IBA) e, mais recentemente, as «Linhas Orientadoras da IBA sobre conflitos de Interesses na Arbitragem Internacional» também exigem que todos os árbitros estejam sujeitos aos mesmos critérios de independência (...). As leis aqui estudadas seguem esta orientação prevalecente e contêm critérios idênticos para a determinação de independência dos árbitros nomeados pelas partes e do árbitro presidente.

Não obstante, o Tribunal Federal suíço deixou em aberto a questão respeitante a saber se os

árbitros nomeados pelas partes estão sujeitos a
exigências menos estritas do que as aplicáveis
ao árbitro presidente ou ao árbitro único."[86]

II- FOUCHARD/GAILLARD/GOLDMAN chamam a atenção para a dificuldade de definição das características de independência e imparcialidade:

"A independência é uma situação de facto e de
direito, susceptível de verificação objectiva. A
imparcialidade, por outro lado, é mais um
estado de espírito que é necessariamente
subjectivo. A imparcialidade é, claro, a
qualidade essencial exigida a um juiz. Contudo,
como raramente é possível conseguir fazer
prova directa da imparcialidade, deve ser, pelo
menos, exigido aos árbitros que sejam
independentes, o que é mais fácil de provar e,
em princípio, garante a liberdade de julgamento
dos árbitros. Enquanto os preconceitos dos
árbitros raramente serão revelados pela sua
conduta, os laços de dependência com uma das
partes – embora não levem necessariamente o
árbitro a ser parcial (biased) – constituirão uma
base suficiente para considerar que não
satisfazem as condições exigidas a um juiz. A Lei
sueca de Arbitragem de 1999 enumera
diferentes situações em que uma das partes
pode suspeitar da imparcialidade de um árbitro,
tal constituindo fundamento de impugnação

---

86 [1] *Comparative Law* cit., pág. 346.

(challenge). O conceito de independência de espírito, que aparece com frequência na jurisprudência francesa, mostra a extensão em que estão entrelaçados os dois conceitos de independência e imparcialidade"[87].

III- Entre nós, o art. 10.º da LAV regula a matéria de impedimentos e escusas, formas de tutela da independência dos árbitros.

"1. Aos árbitros não nomeados por acordo das partes é aplicável o regime de impedimentos e escusas estabelecidas na lei do processo civil para os juízes.

2. A parte não pode recusar o árbitro por ela designado, salvo ocorrência de causa superveniente de impedimento ou escusa, nos termos do número anterior."

A nossa lei estabelece uma distinção clara, em termos de estatuto, entre a situação dos árbitros nomeados por acordo das partes e os árbitros não nomeados por acordo: só quanto aos segundos são aplicáveis as regras de impedimentos dos juízes (art. 122.º do CPC), tal como os pedidos de escusa dos próprios árbitros por suspeição (art. 126.º do CPC).

---

87 (1) *On International Commercial Arbitration* cit., pág. 564.

A recusa (*challenge*) do árbitro designado pela parte só pode ocorrer em caso de superveniência da causa de impedimento ou escusa. Parece discutível que não se equipare a esta situação a do conhecimento superveniente pela parte dos factos anteriores à nomeação que põem em causa a independência deste árbitro.

A LAV é omissa no que toca ao processo de recusa, o qual terá de ser suscitado perante o próprio tribunal arbitral. Não se prevê qualquer intervenção dos tribunais estaduais nesta matéria, diferentemente do que se estatui no art. 13.º, n.º 3, da Lei-Modelo. Se da decisão arbitral couber recurso (art. 29.º da LAV), a decisão interlocutória sobre impedimentos ou escusa não parece poder ser impugnada por recurso de apelação com subida imediata (art. 698.º, n.º 2, alínea a), CPC), visto que o art. 21.º, n.º 4, da LAV, enquanto norma especial, impõe a impugnação a final.

Deve notar-se que a Lei-Modelo impõe aos árbitros o dever de revelarem a todo o tempo "todas as circunstâncias que possam levantar fundadas dúvidas sobre a sua imparcialidade ou independência" (art. 13.º, n.º 1).

A Lei espanhola de Arbitragem de 2003, inspirada na Lei-Modelo, explicita que qualquer árbitro "não poderá manter relações pessoais, profissionais ou comerciais com as partes" (art. 17.º, n.º 1).

O Código de Processo Civil italiano (versão alterada em 2006) tipifica as causas de recusa dos árbitros e estabelece regra análoga à do n.º 2 da nossa LAV ("uma parte não pode recusar o árbitro por ela nomeado ou para cuja nomeação contribuiu, salvo por motivos conhecidos depois da nomeação" – art. 815.º, II), prevendo que a recusa é suscitada perante o tribunal estadual.

Na nossa LAV vigora igualmente uma obrigação de revelação a cargo dos árbitros relativamente a factos que constituam impedimentos ou suspeições que permitiriam a recusa dos árbitros (cfr. art. 123.º e 126.º do CPC).

IV– É criticável a regulamentação da LAV nesta matéria, que dá lugar, por regra, a dúvidas em caso de apresentação de um pedido de recusa de árbitro.

O Projecto da APA passa a regular o processo de recusa, inspirado na Lei-Modelo. A questão da recusa deve ser suscitada perante o tribunal arbitral e, no caso de rejeição de recusa, a parte requerente pode pedir ao tribunal estadual competente, em prazo curto, que resolva definitivamente a questão (art. 14.º, n.º 3).

CAPÍTULO V

A Verificação de Competência do Tribunal Arbitral

26.   A verificação da competência do tribunal arbitral: competência da competência (*Kompetenz/Kompetenz*) e excepção de incompetência

I– Já atrás abordámos, no n.º 19 dos Sumários, a questão da autonomia ou separabilidade da convenção de arbitragem e a forma como, normalmente, tal questão aparece ligada à da *Kompetenz – Kompetenz*.

Em todo o caso, tais questões são distintas e não devem ser confundidas. Vale a pena transcrever o seguinte texto de POUDRET e BESSON:

"O   princípio   conhecido   como competência/competência   (compétence-compétence; Kompetenzprüfung durch das Schiesdsgericht)(...) reconhece a competência do tribunal arbitral para decidir sobre a sua própria jurisdição, pelo menos quando esta tiver sido contestada em devido tempo. Todavia, esta decisão não é, em geral, definitiva, antes está sujeita ao controlo dos tribunais [estaduais] da

sede da arbitragem. Em conformidade com isto, vários comentadores qualificam a decisão [do tribunal arbitral] como provisória (...) ou como uma decisão inicial (...). Estas expressões devem, porém, ser clarificadas. Em primeiro lugar, quando as partes tiverem renunciado antecipadamente a quaisquer processos de anulação da decisão arbitral – o que é admissível nos termos dos direitos belga, suíço e sueco – ou quando não tiverem apresentado requerimento de anulação de sentença no prazo legalmente estabelecido, a decisão [sobre competência] é ou torna-se definitiva. Em segundo lugar, na maior parte dos direitos aqui considerados, o tribunal arbitral não tem prioridade para decidir sobre a sua própria jurisdição em relação a um tribunal estadual perante quem tenha sido proposta uma acção sobre o mérito da mesma causa. A sua decisão só tem prioridade em relação à decisão do tribunal de segunda instância na sede da arbitragem, no sentido de que a decisão do tribunal arbitral só será reexaminada no quadro de um processo de anulação. Por último, mesmo se não tiver sido apresentado pedido de anulação, a decisão do tribunal arbitral permanece sujeita a controlo pelo tribunal estadual de execução. WENGER (...) qualifica, por isso, correctamente a competência/competência do tribunal arbitral como relativa"[88].

Este texto algo denso chama a atenção para a circunstância

---

[88] [1]*Comparative Law of International Arbitration* cit., pág. 385.

de o <u>tribunal arbitral não agir de forma totalmente isolada ou</u> <u>independente dos tribunais estaduais</u>. De facto, das decisões dos tribunais arbitrais cabe impugnação, nos termos da respectiva lei de arbitragem (deve notar-se que, nuns casos, existe apenas um <u>procedimento de anulação</u> que pode ser apresentado perante um tribunal de primeira ou de segunda instância, conforme estabelecido nos diferentes ordenamentos; em outros casos, como é o português, existe uma <u>forma de impugnação **dupla,**</u> que prevê ou a acção de anulação a propor num tribunal de primeira instância ou num tribunal de segunda instância [na jurisdição administrativa] e também um <u>sistema de recursos ordinários,</u> como se a decisão do tribunal arbitral fosse a decisão de um tribunal estadual de 1.ª instância). Mas não está excluído que uma das partes de uma convenção de arbitragem, com fundamento na invalidade desta convenção ou sem recorrer a nenhum fundamento, proponha a acção que devia ser apresentada ao tribunal arbitral num tribunal estadual, situação em que pode a contraparte deduzir uma excepção (entre nós designada tradicionalmente como de preterição de tribunal arbitral voluntário e, hoje, de violação da convenção de arbitragem – art. 494.º, alínea j), e 495.º do CPC).

Em certos casos, as coisas complicam-se, pois podem estar simultaneamente pendentes uma acção arbitral e uma acção declarativa em tribunal estadual em que ocorra a tripla identidade de sujeitos, pedido e causa de pedir. Fala-se nestes casos de <u>litispendência,</u> em sentido diverso do processo civil, embora se deva reconhecer que esta figura se desenvolveu nos direitos processuais civis sem se atender à possibilidade de um dos tribunais ser arbitral.

Por último e como põem em relevo os mesmos Autores, pode haver interconexão entre a decisão de um tribunal arbitral e um controlo subsequente da jurisdição do mesmo numa instância executiva, eventualmente perante tribunal estadual de um outro país.

II- A ligação feita entre as noções de competência-competência e de autonomia da convenção de arbitragem não implica qualquer identidade entre ambas[89].

O princípio da competência/competência deriva:

> *"... da aplicação extensiva ou analógica do princípio segundo o qual todos os tribunais arbitrais têm competência para decidir sobre a sua própria jurisdição (...) ou da presunção de que as partes pretenderam submeter também esta questão preliminar ao tribunal arbitral. Segundo o Direito inglês em particular, as partes podem acordar na derrogação deste poder e conferi-lo exclusivamente aos tribunais estaduais. Esta regra está essencialmente baseada numa racionalidade prática, a saber, a de impedir que uma parte que põe em causa a*

---

[89] [¹] Sobre as críticas à utilização da noção de "autonomia" veja-se A. Sampaio Caramelo, "A «Autonomia» da Cláusula Compromissória..." cit. págs. 105-117.

jurisdição de um tribunal arbitral proponha uma acção extemporânea em tribunais estaduais ou obstrua o processo arbitral (...). De facto, para desencorajar estas manobras, bastaria considerar que as acções ou os processos de impugnação direccionados a comprovar a falta de jurisdição do tribunal arbitral não teriam impacto automático na arbitragem, tendo os árbitros o poder de continuar o processo arbitral, segundo a sua discrição. Tal é o caso segundo o Direito Inglês (secções 32.4 e 67.2 da Lei de Arbitragem), em conformidade com a solução defendida por Pierre Mayer (...). Acresce que a competência do tribunal arbitral para decidir sobre a sua própria jurisdição não garante uma decisão rápida sobre tal matéria, uma vez que existe, em geral, a possibilidade de sobrestar na decisão da mesma até à decisão de mérito, isto é, até ao fim do processo arbitral. [...].

Não obstante, como Fouchard, Gaillard e Goldman (...) acentuaram, a competência do tribunal arbitral para decidir sobre a sua própria jurisdição não pode ser derivada de uma convenção de arbitragem quando esta seja nula ou mesmo inexistente. Um tribunal arbitral não pode basear a sua competência num acto que vem a declarar nulo. Tal poder só pode ser-lhe conferido pela lei de arbitragem da sede de arbitragem. Veremos, todavia, que algumas leis mostram-se hesitantes em qualificar a decisão arbitral que denega competência ao mesmo tribunal arbitral como uma decisão sujeita a controlo judicial, ou condicionam a competência de um tribunal arbitral para decidir sobre a sua própria jurisdição à existência prima facie, em termos de princípio da prova, de uma convenção de arbitragem entre as partes. Felizmente, esta não é a solução dominante.[90]

III– Vale a pena chamar desde já a atenção para a importância da celebração de uma convenção de arbitragem. Qualquer das partes da convenção pode desencadear o processo arbitral quando ocorra um litígio, ainda que a outra parte não esteja interessada na arbitragem – o que sucede com maior frequência no caso de cláusulas compromissórias celebradas num momento anterior ao de surgimento do litígio. Como atrás vimos, os arts. 11.º e 12.º da LAV – como sucede noutras leis nacionais, e está previsto na Lei-Modelo – estabelecem um sistema de constituição do tribunal arbitral que prevê a intervenção do tribunal estadual (no caso português, do presidente do Tribunal da Relação ou do presidente do Tribunal Central Administrativo) na nomeação de árbitros.

Depois de iniciado o processo arbitral e, claro, de constituído o tribunal arbitral, pode a parte requerida suscitar a questão de incompetência do tribunal arbitral para julgar aquele litígio concreto, com diversos fundamentos: por exemplo, inexistência ou nulidade da convenção de arbitragem, nomeadamente por falta de forma escrita; caducidade da convenção de arbitragem; inarbitrabilidade desse litígio; consideração de que o litígio não cabe na formulação da convenção de arbitragem, etc.

---

90 (1) Poudret e Besson, *Comparative Law* cit., pág. 386.

Suscitada tal questão de competência, o tribunal arbitral dispõe de competência para conhecer e decidir tal excepção. Fala-se então de _efeito positivo_ do princípio da competência/competência (art. 21.º, n.º 1, da LAV). Há autores que consideram que tal competência é anterior à sua consagração pelas diferentes leis arbitrais nacionais, decorrendo do princípio da validade da convenção de arbitragem enquanto norma consuetudinária de direito internacional público (DE BOISSESSON) consagrada no Protocolo e Convenção de Genebra de 1923 e de 1927 e, mais recentemente, na Convenção de Nova Iorque de 1958. Outros autores, como FOUCHARD, falam de uma competência que deve ser configurada como decorrência do princípio da legalidade.

Simplesmente este _efeito positivo_ não implica que exista uma prioridade de apreciação da competência de tribunal arbitral pelo próprio tribunal arbitral, sendo certo que a referida Convenção de Nova Iorque não contém qualquer norma sobre esta questão, uma vez que ela só obriga os tribunais estaduais dos Estados partes da Convenção a reconhecer a convenção de arbitragem validamente celebrada, nada estabelecendo sobre o modo como deve ser controlada a competência do tribunal arbitral.

Até 1996, os tribunais ingleses eram exclusivamente competentes para decidir sobre a competência dos árbitros, uma vez suscitada a questão de incompetência perante um tribunal arbitral. A Lei de Arbitragem inglesa de 1996 passou a permitir às partes suscitar tal questão perante os tribunais estaduais em certas circunstâncias, sem impor exclusividade à decisão arbitral.

A Lei-Modelo, no seu art. 16.º, regula a questão de competência-competência, embora, no entendimento comum, não confira qualquer prioridade ao tribunal arbitral quando esteja pendente perante um tribunal estadual um processo com o mesmo litígio. Tal significa que reconhece apenas o efeito positivo do princípio da competência/competência, garantindo que o tribunal arbitral conhecerá dessa questão, sendo controlada a sua decisão pelo tribunal estadual.

A evolução da legislação alemã, que analisaremos à frente, mostra que, antes de 1997, a ZPO conferia aos tribunais estaduais uma competência exclusiva para decidir a questão da competência dos árbitros, mas, à parte do acolhimento da Lei-Modelo, o §1040.º da ZPO reproduz quase integralmente o art. 16.º daquela Lei.

A Legislação italiana sofreu uma evolução idêntica (cfr. art. 817.º, n.º 1, do CPC italiano, na versão introduzida em 2006).

IV– Especificamente no que toca ao direito português, a LAV prevê no art. 21.º, n.º 1, que o tribunal arbitral "pode pronunciar-se sobre a sua própria competência, mesmo que para esse fim seja necessário apreciar a existência, a validade ou a eficácia da convenção de arbitragem ou do contrato em que ela se insira, ou a aplicabilidade da referida convenção".

Tal significa que aos árbitros é reconhecida a competência para se pronunciarem sobre a sua própria competência (ou

164

jurisdição, como, por vezes, é referido). Fala-se, como vimos atrás, do efeito positivo da regra da competência-competência.

No nosso direito, os árbitros não têm competência oficiosa para se pronunciar sobre a competência própria: a questão tem de ser suscitada pela parte demandada, a quem a procedência da excepção aproveita.

Depois de o n.º 2 deste art. 21.º da LAV se debruçar sobre a autonomia da convenção de arbitragem – questão diversa da competência-competência – estatuindo que a nulidade do contrato onde se insere uma convenção de arbitragem "não acarreta a nulidade desta, salvo quando se mostre que ele não teria sido concluído sem a referida convenção" (princípio de *utile per inutile non vitiatur* que aflora, por exemplo, no instituto da redução dos negócios jurídicos inválidos – art. 292.º do Código Civil), dispõe o n.º 3 do art. 21.º da LAV:

"A incompetência do tribunal só pode ser arguida até à apresentação da defesa quanto ao fundo da causa, ou juntamente com esta."

A questão da incompetência do tribunal arbitral, uma vez suscitada pela parte com legitimidade para o fazer, pode ser resolvida através de uma decisão interlocutória ou ser relegada pelos árbitros para a sentença final, nomeadamente quando a sua apreciação dependa da apreciação de prova a apresentar na audiência de julgamento.

Quando é proferida uma decisão interlocutória pelo tribunal arbitral ocorre uma situação de bifurcação do processo (*bifurcation*). Tal significa que, em primeiro lugar, o tribunal decide da sua própria competência e, só em caso de se considerar competente, é que o processo continua até à sentença final.

Com referem POUDRET e BESSON:

> *"Todos os factos relevantes para determinar a jurisdição serão apreciados pelo tribunal arbitral com um poder pleno de controlo (full power of review) e devem ser provados, ainda que tais factos sejam também relevantes para a decisão sobre o mérito da causa (factos de relevância dupla, «faits de double pertinence»). Mesmo se o tribunal decidir bifurcar este processo e proferir uma decisão interlocutória (interim) sobre jurisdição, o tribunal arbitral não pode basear a sua própria jurisdição numa apreciação provisória de tais factos. Esta exigência está também acolhida na jurisprudência (case law) inglesa, a qual afirma que uma decisão preliminar sobre jurisdição deve envolver uma investigação igualmente compreensiva de prova tal como a determinação sobre o mérito através da sentença final."[91].*

---

[91] [1] *Comparative Law* cit., pág. 389. Ver ainda António Sampaio Caramelo, "Decisões interlocutórias e parciais no processo arbitral. Seu objecto e regime", in Centro de Arbitragem Comercial, *I Congresso do Centro de Arbitragem da Câmara de Comércio e Indústria Portuguesa* – Intervenções,

V– A decisão interlocutória dos árbitros sobre a sua competência só pode ser impugnada a final, depois de decidido o fundo da causa. É o que decorre do n.º 4 do art. 21.º da LAV:

> *"A decisão pela qual o tribunal arbitral se declara competente só pode ser apreciada pelo tribunal judicial depois de proferida a decisão sobre o fundo da causa e pelos meios especificados nos artigos 27.º e 31.º."*

Em contrapartida, se o tribunal se declarar incompetente para conhecer do pedido formulado na acção arbitral (ou relativamente a todos os pedidos, em caso de cumulação), esta decisão é final e pode ser impugnada nos termos gerais.

VI– A par do efeito positivo da regra da competência-competência, importa atentar no efeito negativo da mesma. Segundo GAILLARD, o efeito negativo do princípio da competência/competência proíbe que um tribunal estadual, num processo pendente proposto por uma das partes de uma convenção de arbitragem e apesar da existência desta, ao menos aparente, "decida sobre a existência ou validade dessa convenção antes que os árbitros tenham tido oportunidade de sobre ele se

---

Coimbra, Almedina, 2009, págs. 184-185.

pronunciarem"[92]

Tal efeito <u>negativo</u> implica que, existindo uma convenção de arbitragem, o tribunal estadual deve declarar-se incompetente, se nele for proposta uma acção judicial entre as mesmas partes, com o mesmo pedido e com a mesma causa de pedir relativamente a uma acção arbitral já pendente ou, então que, ainda que não haja nenhuma processo arbitral pendente, o litígio descrito entre as partes de uma convenção de arbitragem invocada pelo demandado está abrangido por esta última, o que leva a um juízo de incompetência.

Há quem sustente que o efeito negativo implica conceder prioridade aos árbitros para decidir da questão de competência.

Escreve LUÍS LIMA PINHEIRO:

> *"Perante alguns sistemas, o tribunal estadual só pode apreciar a competência do tribunal arbitral depois de este se ter pronunciado, por via da impugnação da decisão de fundo ou em sede de oposição à execução da sentença. Fala-se a este respeito de um <u>efeito negativo</u> da regra de competência-competência, que se dirige aos tribunais estaduais"*[93].

---

[92] (1) Transcrito em Poudret e Besson, *Comparative Law* cit, pág. 416.

[93]

(1) *Arbitragem Transnacional* cit., pág. 134.

E SAMPAIO CARAMELO sustenta que "o efeito negativo do sobredito princípio traduz-se em permitir aos árbitros serem, não os únicos juízes (o que não é aceite em lado nenhum), mas os primeiros juízes da sua competência"[94].

De um ponto de vista histórico, a Convenção de Nova Iorque de 1958 limitou-se a prever que "o tribunal de um Estado Contratante solicitado a resolver um litígio sobre uma questão relativamente à qual as Partes celebraram uma convenção ao abrigo do presente artigo remeterá as Partes para a arbitragem, a pedido de uma delas[95], salvo se constatar a caducidade da referida convenção, a sua inexequidade ou insusceptibilidade de aplicação" (Art. II, n.º 3), mas foi a Convenção Europeia sobre Arbitragem Comercial Internacional, assinada em 21 de Abril de 1961 – e de que Portugal não é Parte – que distinguiu claramente os efeitos positivo e negativo da regra da competência-competência.

Prevê o Art. V, n.º 1, desta Convenção o seguinte regime quando a invocação da incompetência do tribunal arbitral no

---

94

[¹] "A «Autonomia» da Cláusula Compromissória..." cit. pág. 118.

95

[¹] No texto inglês as três excepções à procedência da defesa de preterição do tribunal arbitral são as seguintes: "null and void, inoperative or incapable of being performed". É manifesta a deficiência da tradução portuguesa uma vez que a excepção "null and void" se refere à nulidade e não à caducidade da convenção de arbitragem. Também inoperative aponta para ineficaz e não para inexequível.

processo arbitral:

> *"A parte que pretender suscitar uma excepção decorrente da incompetência do árbitro deve fazê-lo, quando se trate de excepções fundadas na inexistência, nulidade ou caducidade da convenção de arbitragem, no processo arbitral o mais tardar até ao momento de apresentar a sua defesa quanto ao fundo e, quando se trate de excepção decorrente do facto de a questão litigiosa exceder os poderes do árbitro, logo que seja suscitada, no processo arbitral, a questão que excederia tais poderes. Quando o atraso das partes na suscitação de excepção se dever a uma causa julgada fundada pelo árbitro, este deve declarar admissível a excepção."*

Já no Art. VI da Convenção Europeia é regulado o aludido efeito negativo, numa das suas acepções, sob a epígrafe "Competência Judiciária".

Dispõe o art. VI, n.º 1:

> *"A excepção decorrente da existência de uma convenção de arbitragem, e apresentada ao tribunal judicial a que recorreu uma das partes da convenção de arbitragem, deve ser suscitada pelo demandado, sob pena de caducidade [forclusion, na versão francesa] antes ou no*

momento de apresentação da sua defesa quanto ao mérito, consoante a lei do tribunal onde pende a acção considerar a excepção de incompetência como uma questão processual ou de mérito."

A situação de "litispendência", acha-se prevista no art. VI, n.º 3 desta Convenção:

"Quando, anteriormente a qualquer pedido formulado perante um tribunal judicial, tiver sido instaurado um processo arbitral, os tribunais judiciais dos Estados Contratantes, onde venha posteriormente a ser apresentada uma demanda tendo por objecto o mesmo litígio entre as mesmas partes ou uma demanda tendo por objecto a apreciação da inexistência, da nulidade ou da caducidade da convenção de arbitragem, deverão abster-se de decidir sobre a competência do árbitro até à pronúncia da sentença arbitral, salvo se houver motivos graves."[96].

Na linha da regulamentação transcrita, a regulamentação da arbitragem francesa (Novo Código de Processo Civil, disposições introduzidas em 1981) dispõe no art. 1458.º:

---

[96] [¹]Tem-se entendido que a ressalva destes "motivos graves" permite ao tribunal judicial proceder a um controlo perfunctório ou *prima facie* sobre a existência e validade da convenção de arbitragem.

"Quando um litígio pendente num tribunal arbitral em virtude da existência de uma convenção de arbitragem for apresentado perante uma jurisdição do Estado, esta deve declarar-se incompetente, salvo se a convenção de arbitragem for manifestamente nula.

Se o tribunal arbitral não estiver ainda constituído a jurisdição deve igualmente declarar-se incompetente, salvo se a convenção de arbitragem for manifestamente nula.

Em ambos os casos, a jurisdição não pode conhecer oficiosamente da sua incompetência."

VII- Já no que toca ao direito português, apenas se prevê a dedução da excepção de incompetência por violação de convenção de arbitragem no art. 494.º, alínea j), e 495.º do Código de Processo Civil, estabelecendo-se que tal excepção dilatória não é de conhecimento oficioso. Estas disposições provêm já do Código de Processo Civil de 1939, não tendo o legislador português tomado posição sobre a questão de saber se devia ou não haver uma prioridade ou preferência legal pela decisão do tribunal arbitral nesta matéria ou se o tribunal judicial só podia deixar de considerar a procedência de excepção no caso de a convenção de arbitragem ser "manifestamente nula". Contra este entendimento se pronuncia SAMPAIO CARAMELO, o qual sustenta que os arts. 21.º, n.º 4, e 27.º, n.º 3 da LAV nos fazem enfileirar no grupo de

Convenção Europeia e do Direito francês[97].

Sobre esta matéria, convém dar a palavra a LUÍS LIMA PINHEIRO:

"Questão controversa é a de saber se para decidir sobre a excepção de preterição do tribunal arbitral o tribunal judicial tem de apreciar a validade e eficácia da convenção de arbitragem ou se deve satisfazer-se com a prova da existência de uma convenção de arbitragem que não seja manifestamente nula [convém recordar o que dispõe o art. 12.º, n.º 4, da LAV sobre os casos em que o Presidente da Relação não deve nomear árbitro].

O primeiro entendimento implica que o tribunal judicial possa apreciar a convenção de arbitragem sempre que seja proposta uma acção tendo por objecto o litígio que é abrangido por essa convenção (...). E tem como corolário que, na arbitragem interna, a decisão de absolvição da instância com fundamento em preterição de tribunal arbitral voluntário vincula o tribunal arbitral quanto à fixação da sua competência. Este entendimento que, como veremos, tem acolhimento na Alemanha, é defendido, entre nós, por TEIXEIRA DE SOUSA [in Estudos sobre o Novo Processo Civil, Lisboa, Lex, 1997, págs. 134-135.].

A tese referida em segundo lugar leva a concluir que a decisão do tribunal judicial só vincula o

---

97 (1) "A «Autonomia» da Cláusula Compromissória...", pág. 118.

tribunal arbitral quando verificar a manifesta nulidade da convenção de arbitragem. Caso contrário, vale a regra da competência do tribunal arbitral para decidir sobre a sua própria competência (art. 21.º LAV). Se o tribunal arbitral se considerar incompetente, a acção pode ser proposta novamente no tribunal judicial, que se deve considerar vinculado à decisão do tribunal arbitral sobre a invalidade ou ineficácia da convenção de arbitragem (...). Se o tribunal arbitral se considerar competente, a sua decisão não vincula o tribunal judicial, mas este só pode apreciar a questão depois de proferida decisão sobre o fundo da causa em acção de anulação, recurso ou oposição à execução de decisão arbitral (arts. 21.º, n.º 4, e 27.º, 1, LAV) (...)"[98].

LOPES DOS REIS e LUÍS LIMA PINHEIRO perfilham a segunda posição referida, a qual me parece preferível à do Prof. TEIXEIRA DE SOUSA, só assim se assegurando a plena eficácia do princípio da competência-competência. Importa reconhecer que, no plano do Direito Comparado, o art. 1458.º do Código de Processo Civil francês e o art. VI-3 da Convenção Europeia de 1961 são normas relativamente isoladas. Deve sobretudo chamar-se a atenção para que os arts 8.º e 16.º da Lei-Modelo da CNUDCI/UNCITRAL não estabelecem o princípio da prioridade da decisão dos árbitros sobre a sua própria competência, embora se preveja expressamente uma situação de "litispendência" (*lis pendens*) no

---

[98] (1) "Arbitragem Transnacional" cit., págs. 135-136.

n.º 2 do art. 8.º, com prossecução paralela de ambas as acções.

> *"Quando tiver sido proposta num tribunal uma acção referida no parágrafo 1 do presente artigo, o processo arbitral pode apesar disso ser iniciado ou prosseguir, e ser proferida uma sentença, enquanto a questão estiver pendente no tribunal."*

VIII– Por último, deve notar-se como se referiu, que a Convenção de Nova Iorque de 1958 prevê limitadamente o efeito negativo, numa das acepções de expressão, da convenção de arbitragem no seu Art. II, n.º 3:

> *"O tribunal de um Estado Contratante solicitado a resolver um litígio sobre uma questão relativamente à qual as Partes celebraram uma convenção ao abrigo do presente artigo remeterá as Partes para a arbitragem, a pedido de uma delas, salvo se constatar a caducidade da referida convenção, a sua inexequibilidade ou insusceptibilidade de aplicação."*

Já vimos a deficiência da tradução portuguesa deste artigo. Todavia, o mesmo parece importante porquanto permite ao tribunal estadual julgar improcedente a excepção de violação de convenção de arbitragem em outros casos, para além da nulidade da convenção de arbitragem. Daí que a posição de LIMA PINHEIRO, SAMPAIO CARAMELO e LOPES DOS REIS seja demasiada restritiva nos caso de ineficácia ou insusceptibilidade de aplicação da mesma. O ponto é discutível.

IX- O Projecto da APA estabelece no art. 18.º, n.º 7, que a decisão interlocutória pela qual o tribunal arbitral considere que tem competência pode ser impugnada, no prazo de 30 dias após a sua notificação, por qualquer das partes perante o tribunal estadual competente, impugnação que não suspende a eficácia dessa decisão (n.º 8 do mesmo artigo).

O art. 5.º, n.º 1, deste Projecto prevê o efeito negativo da convenção de arbitragem, determinando que o tribunal estadual deve absolver da instância o requerido que tenha suscitado uma excepção de violação da convenção de arbitragem, "a menos que verifique que a convenção de arbitragem é manifestamente nula, é ou se tornou manifestamente ineficaz ou é manifestamente inexequível" (cfr. art. II, n.º 3, da Convenção de Nova Iorque de 1958).

Esta solução é preferível ao entendimento mais restritivo defendido entre nós, a partir da formulação do art. 12.º, n.º 4, da LAV, sendo certo que a solução contida neste artigo se percebe perfeitamente quando está em causa a nomeação de árbitros.

27. Verificação da competência do tribunal arbitral pelos tribunais estaduais

I- O que se acabou de dizer a propósito da vulgarmente chamada excepção de preterição de tribunal arbitral voluntário ou de violação de convenção de arbitragem mostra que, no nosso Direito, se for proposta uma acção num tribunal judicial pretendendo a condenação do demandado com base em pretensão litigiosa abrangida por uma convenção da arbitragem celebrada entre o demandante o demandado, este último pode suscitar, como meio de defesa, tal excepção. Só resta ao demandante, além de responder à excepção no processo judicial, desencadear o processo de constituição do tribunal arbitral nos termos do art. 11.º da LAV. Não existe, porém, conhecimento oficioso desta questão da incompetência relativa *sui* generis do tribunal estadual (art. 495.º CPC).

Referiu-se igualmente que é discutida na nossa doutrina a questão de saber se a apreciação da convenção de arbitragem, no que toca à sua validade, e da questão conexa da arbitrabilidade do litígio devem ser feitas de forma aprofundada pelo tribunal judicial ou se, pelo contrário, tal apreciação deve ser feita de forma perfunctória (apreciação *prima facie*), só devendo o tribunal judicial considerar procedente a excepção se entender que não existe convenção de arbitragem ou se esta for manifestamente nula ou, por último, se for manifesto que o litígio não é arbitrável ou se a convenção se tornou ou era manifestamente ineficaz ou inexequível (por exemplo, proposta uma acção de divórcio, se o demandado invocar uma convenção de arbitragem celebrada entre os cônjuges separados de facto para afastar a competência do tribunal estadual, é manifesto que tal excepção há-de ser considerada improcedente).

Importa repetir que, se o demandado não suscitar a questão da preterição do tribunal arbitral ou de violação da convenção de arbitragem, o processo prossegue, não podendo o tribunal declarar-se oficiosamente incompetente.

Acrescente-se que, no Projecto da APA, o art. 2.º, n.º 5, estabelece:

"Considera-se também como cumprido o requisito da forma escrita da convenção de arbitragem quando existe troca de uma petição e uma contestação em processo arbitral, em que a existência de tal convenção seja alegada por uma parte e não seja negada pela outra."

II- O tribunal estadual competente – ou seja, o do lugar da sede da arbitragem ou do lugar em que decorre o processo arbitral – pode ser chamado a intervir por uma das partes de um processo arbitral que impugna a decisão dos árbitros sobre a sua própria competência.

É situação que está prevista no art. 16.º, n.º 3, da Lei-Modelo, preceito onde se distingue entre a decisão preliminar da apreciação dessa "questão prévia" e a decisão de mérito onde se decide também a questão de competência. No caso de haver uma decisão preliminar, prevê-se a sua impugnação imediata (no prazo de trinta dias a contar da notificação da decisão) e não a final.

Solução diversa está consagrada na LAV, como vimos: ainda que haja "bifurcação" e o tribunal arbitral profira uma decisão preliminar do tipo de despacho saneador (ou de despacho sobre o incidente de incompetência relativa), a impugnação desta decisão, quando o processo prossiga por o tribunal arbitral se considerar competente, e, portanto, a apreciação pelo tribunal estadual dessa questão só pode ser feita "depois de proferida a decisão sobre o fundo da causa e pelos meios especificados nos artigos 27.º e 31.º" (art. 21.º, n.º 3).

Considera-se expressamente neste preceito e impugnação através da acção de anulação da sentença arbitral e a oposição no processo executivo. A LAV não prevê aqui a situação de impugnabilidade da decisão arbitral através de recurso ordinário (cfr. art. 29.º, n.º 1), mas deve entender-se que, neste caso concreto, não existe impugnação autónoma da decisão preliminar sobre competência, mas apenas impugnação da decisão final (cfr. art. 27.º, n.º 3, da LAV).

III– O tribunal estadual pode ser chamado a apreciar a questão da competência dos árbitros num processo de execução que tenha como título uma sentença arbitral.

De facto, o art. 31.º da LAV estatui:

> *"O decurso do prazo para intentar a acção de anulação não obsta a que se invoquem os seus fundamentos em via de oposição à execução da decisão arbitral."*

Quer dizer, se o demandado tiver suscitado no processo arbitral sem êxito a incompetência deste – por exemplo, por ser nula a convenção de arbitragem ou por não ter sido sequer celebrada tal convenção – e, depois, não pedir a anulação da sentença arbitral com fundamento na alínea b) do n.º 1 do art. 27.º da LAV, tal não obsta a que se oponha à execução com fundamento na incompetência do tribunal arbitral. De facto, nos termos do art. 815.º do CPC, são "fundamentos de oposição à execução baseada em sentença arbitral não só os previstos no artigo anterior mas também aqueles em que pode basear-se a anulação judicial da mesma decisão".

Parece-nos que esta regra deve abranger, por identidade de razão, a situação em que cabia recurso ordinário da sentença arbitral e o mesmo não foi interposto, o que não inibe o executado de se opor com o fundamento na incompetência.

Resta saber se esta solução é defensável *de jure condendo*. O Projecto da APA afasta-se claramente desta solução (nova redacção do art. 815.º do CPC, à luz dos n.ºs 1 e 2 do art. 48.º do Projecto).

IV– Uma outra situação em que um tribunal estadual pode ser chamado a pronunciar-se sobre a decisão tomada acerca da competência do tribunal arbitral ocorre no processo de reconhecimento de sentença arbitral estrangeira.

O Art. V, n.º 1, da Convenção de Nova Iorque de 1958 prevê fundamentos taxativos para a recusa do reconhecimento e execução da sentença arbitral a pedido da Parte contra a qual foi invocada. Entre eles, encontra-se a questão da incompetência do tribunal arbitral decorrente da invalidade da convenção de arbitragem, seja por incapacidade das Partes (alínea a)), seja por razões objectivas atinentes à própria convenção (alínea c)). Dispõe o Art. V, n.º 1, c) que o reconhecimento e execução serão recusadas se a parte impugnante fornecer a prova de que:

> *"... a sentença diz respeito a um litígio que não foi objecto nem de convenção escrita nem de cláusula compromissória, ou que contém decisões que extravasam os termos da convenção escrita ou da cláusula compromissória; no entanto, se o conteúdo da sentença referente a questões submetidas à*

arbitragem puder ser destacado do referente a questões não submetidas a arbitragem, o primeiro poderá ser reconhecido e executado."[99].

V– Discute-se, por último, se é possível a propositura de uma acção declarativa de simples apreciação, antes ou depois de instaurado um processo arbitral, destinada a fazer declarar a invalidade ou inexistência de uma convenção de arbitragem.

Igualmente é controvertido saber se é possível tal acção de simples apreciação ser precedida ou acompanhada de um procedimento cautelar destinado a inibir a contraparte de desencadear a instauração de um processo arbitral.

POUDRET e BESSON dão conta que os Direitos inglês e alemão antes das alterações de 1996 e de 1997 tendiam a admitir sem restrições a possibilidade de uma das partes de uma convenção de arbitragem se dirigir aos tribunais estaduais, através de uma acção de simples apreciação, para fazer declarar a invalidade da convenção de arbitragem. Os mesmos autores afirmam que as reformas recentes desses e doutros Direitos têm dado pleno acolhimento à regra da competência-competência, afastando tal possibilidade[100].

---

99 [1] Deve notar-se que também podem ser recusados o reconhecimento e a execução de sentenças arbitrais quando, "de acordo com a lei desse país (do reconhecimento e execução), o objecto do litígio não é susceptível de ser resolvido por via arbitral" – art. V, n.º 2, alínea a).

100

Importa referir, porém, que o §1032.º, n.º 2, do ZPO alemão, revisto em 1997, permite a proposta de uma acção de simples apreciação sobre a admissibilidade ou inadmissibilidade de um processo arbitral, mas apenas "até à constituição do tribunal arbitral". E se, entretanto na pendência dessa acção, se iniciar um processo arbitral ou até já estiver em curso, pode o respectivo processo decorrer até à sentença final. A mesma solução foi acolhida pela versão de 2006 do Código de Processo Civil italiano (art. 819.º, b), 3)).

Já no Direito inglês, a possibilidade de proposta de uma acção declarativa e até de um procedimento cautelar só é admitida em casos muito restritos (os previstos nas secções 32 e 72 do Arbitration Act de 1996).

O Direito sueco admite a possibilidade de proposta de uma acção de simples apreciação (art. 2.º da Lei de 1999).

VI– No caso do Direito português, não está prevista a possibilidade de proposta de uma acção de simples apreciação no que toca à declaração de validade ou de invalidade de uma convenção de arbitragem (situação de controlo directo pelo tribunal estadual).

No que toca à solução da CNUDCI, o entendimento generalizado é o de que a Lei-Modelo não permite tal controlo directo (por força do disposto no seu art. 5.º).

---

[1] Cfr. *Comparative Law* cit., pág. 410.

Afigura-se-nos que a regra da competência-competência reconhecida no art. 21.º da LAV torna inidóneo, como objecto do processo declarativo, um pedido de simples apreciação visando a declaração de admissibilidade ou de inadmissibilidade do recurso à arbitragem.

Por maioria de razão, nos parece inadmissível qualquer procedimento cautelar comum destinado a inibir a contraparte de requerer a instauração de um processo arbitral (cfr. art. 380.º do CPC).

O Projecto da APA resolve expressamente a questão no seu art. 5.º, n.º 4:

> *"As questões de nulidade, cessação de eficácia ou inexequibilidade de uma convenção de arbitragem não podem ser discutidas autonomamente em acção de simples apreciação proposta em tribunal estadual nem em procedimento cautelar instaurado perante o mesmo tribunal tendo como finalidade impedir a constituição ou funcionamento de um tribunal arbitral."*

VII- Note-se que a celebração de um compromisso arbitral pelas partes de um processo judicial constitui uma causa de extinção da instância (arts. 287.º, al. b), e 290.º do CPC). Vale a pena sublinhar que o tribunal judicial tem o poder-dever legal de apreciar a validade do compromisso no que toca ao objecto e à qualidade das pessoas, ftando o tribunal arbitral vinculado à respectiva decisão[101].

28. Relações entre a verificação da competência feita pelo tribunal arbitral e pelo tribunal estadual

I- Já vimos no número antecedente que, de uma forma clara mas isolada, só a Convenção Europeia de 1961 e o art. 1458.º do CPC francês estabelecem uma regra clara de prioridade da apreciação da competência-competência pelo tribunal arbitral.

Nos restantes ordenamentos, a situação ou é regulada em termos diferentes (caso dos direitos inglês, alemão e italiano, por exemplo) ou, no silêncio da respectiva lei de arbitragem nacional, a questão é controvertida.

II- Procurando ordenar o que se deixou atrás referido e no que respeita ao Direito português, impõe-se notar – utilizando uma expressão de GABRIELLE KAUFMANN-KOHLER e de ANTOINE RIGOZZI – que podem verificar-se várias "constelações" possíveis, sendo as principais variáveis a ordem de propositura das acções

---

[101] (¹) Veja-se neste sentido Lima Pinheiro, *Arbitragem Transnacional* cit., pág. 136, citando no mesmo sentido Lopes dos Reis; igualmente neste sentido, Teixeira de Sousa.

(arbitral e judicial) e a localização em Portugal ou no estrangeiro dos tribunais estaduais e arbitrais.

Assim, se só houver um processo arbitral pendente, cabe aos árbitros decidir sobre a sua própria competência (art. 21.º da LAV), se a questão de incompetência for suscitada pela parte demandada. A decisão do tribunal arbitral não é definitiva, seja no sentido da competência, seja no sentido da incompetência, podendo ser apreciada pelos tribunais judiciais portugueses ou através do processo de anulação (art. 27.º da LAV), ou através de recurso ordinário (art. 29.º da LAV), ou ainda na oposição à acção executiva (art. 31.º da LAV).

Por outro lado, se só houver um processo judicial pendente em que seja deduzida pelo demandado a excepção de preterição do tribunal arbitral voluntário ou de violação da convenção de arbitragem, tal excepção há-de ser apreciada pelo tribunal judicial. É controvertido, por um lado, se essa decisão, se for no sentido de procedência de excepção, vincula, ou não, o tribunal arbitral e, por outro lado, se no processo judicial só se deve fazer um apreciação *prima facie* da questão de existência e validade da convenção de arbitragem ou se, pelo contrário, deve ser feita uma apreciação aprofundada[102].

---

102 (1)Neste último sentido, se pronuncia, entre nós, Luís de Lima Pinheiro, *Arbitragem Transnacional* cit., pág. 140, restringindo, porém, essa posição ao caso em que a apreciação da convenção de arbitragem seja feita por tribunal pertencente à jurisdição que é competente para a impugnação da decisão arbitral; existe jurisprudência portuguesa no sentido de que só se justifica uma apreciação perfunctória, ou *prima facie*, destinada a descobrir se a convenção de arbitragem é manifestamente nula.

Em caso de pendência simultânea de uma acção arbitral e de uma acção judicial (em Portugal ou no estrangeiro), a constelação complica-se. Se o tribunal judicial português se declarar incompetente, absolvendo o demandado da instância, afigura-se que esta decisão não vincula o tribunal arbitral, o qual pode vir a declarar-se incompetente[103].Se o tribunal arbitral se declarar incompetente, esta decisão, uma vez transitada em julgado, vincula o tribunal judicial, funcionando a competência-regra deste (sendo improcedente a "segunda" excepção de preterição de tribunal arbitral eventualmente deduzida pela parte).

Em contrapartida, se o tribunal arbitral se declarar competente e o tribunal judicial também se declarar competente, ambas as acções prosseguirão, muito embora a decisão de competência possa vir a ser anulada ou revogada pelo tribunal judicial, nos termos dos arts. 27.º e 29.º da LAV. Parece-nos que só o trânsito em julgado da decisão do tribunal judicial sobre competência poderá vincular o tribunal arbitral, mas o ponto é discutível face à parte final ao art. 21.º da LAV[104].

Seja como for, existe o risco de haver dois casos julgados porventura contraditórios, situação em que prevalece a primeira decisão transitada em julgado (art. 675.º CPC). Deve notar-se que a nossa Lei equipara a decisão final arbitral a uma decisão de um tribunal judicial (art. 26.º, n.º 2, da LAV), pelo que a aplicação do

---

103

[1] Já vimos que outro é o entendimento do Prof. Teixeira de Sousa.

104 [1] Contra Sampaio Caramelo, autor que defende a prioridade do tribunal arbitral entre nós, como atrás se referiu.

art. 675.º CPC não parece oferecer, em princípio, dúvidas.

Mais complicadas se afiguram as situações em que a "litispendência" ocorre entre um processo pendente em tribunal arbitral que funciona em Portugal e um processo pendente num tribunal arbitral ou estadual estrangeiro.

Em tal caso, perante uma sentença estrangeira proferida em processo em que tenham intervindo ambas as partes, sem que o demandado haja suscitado a excepção de preterição de tribunal arbitral, afigura-se que o tribunal arbitral só deverá considerar-se incompetente se a decisão do tribunal estadual puder ser reconhecida no nosso país (seja ao abrigo do Regulamento comunitário aplicável, seja nos termos do processo especial de revisão de sentença estrangeira). Restará sempre saber se o tribunal português competente para o processo de reconhecimento da sentença arbitral estrangeira poderá prevalecer-se do Art. II, n.º 3, da Convenção de Nova Iorque[105].

Também no processo executivo poderá ser suscitada, em oposição, a excepção de invalidade da convenção de arbitragem, quando se trate da execução de uma sentença arbitral (cfr. arts. 31.º da LAV e 815.º do CPC).

Em contrapartida, se se executar uma sentença de um tribunal estadual português, já não poderá ser suscitada a excepção de violação da convenção de arbitragem, dada a

---

105

[1]Cfr. Gabrielle Kaufmann-Kohler e A. Rigozzi, *Arbitrage International* cit., pág. 163.

taxatividade dos fundamentos de oposição constantes do art. 814.º CPC.

III– É curioso que, dada a ausência de uma convenção internacional que regule as relações entre processos arbitrais e processos estaduais com o mesmo objecto, o legislador suíço tenha alterado em 2006 a LDIP (Lei de Direito Internacional Privado), dando nova redacção ao n.º 1 do art. 186.º dessa Lei.

O art. 186.º, n.º 1-bis, em vigor a partir de 1 de Março de 2007, passou a dispor:

> *"O tribunal arbitral decide sobre a sua competência sem atender a uma acção com o mesmo objecto já pendente entre as mesmas partes perante um outro tribunal estadual ou arbitral, excepto se por motivos sérios for determinada a suspensão do processo."*[106]

Esta alteração legislativa teve na sua origem duas decisões do *Tribunal Fédéral* suíço em que estavam em causa uma acção arbitral pendente na Suíça e uma acção judicial pendente perante tribunal estadual estrangeiro (casos Condesa e Fomento) e na regra da prioridade de propositura da acção prevista no art. 9.º da LDIP, norma prevista apenas quanto à prevenção da jurisdição entre dois

---

106 (1) A anterior redacção englobava apenas a primeira parte deste número, "o tribunal arbitral decide sobre a sua competência."

tribunais estaduais. O legislador suíço pretendeu sancionar situações abusivas de recurso a tribunais estaduais estrangeiros para entravar um processo arbitral assente em uma convenção de arbitragem válida.

29. As chamadas *"anti-suit injunctions"*: sua admissibilidade no direito português

I- A figura das *anti-suit injunctions* surgiu nos direitos da *common law* como técnica processual de natureza cautelar tendo por objecto uma decisão judicial com esse nome que proíbe a uma parte de uma convenção de arbitragem, sob pena de sanções pecuniárias, dar início ou prosseguir com um processo judicial ou arbitral, quando o tribunal estadual se convence de que o respectivo tribunal não é competente. Em Inglaterra, tais *injunctions* servem em regra para tutelar a observância da convenção de arbitragem, quando uma das partes dela resolve recorrer a uma jurisdição estadual estrangeira, violando dessa forma a referida convenção[107]. A *injunction* dirige-se à parte que intentou a acção no estrangeiro e não ao tribunal estrangeiro onde já está pendente a acção judicial ou onde pode vir a ser proposta.

Todavia, no comércio internacional aparecem procedimentos cautelares deste tipo para impedir o normal funcionamento de uma instância arbitral regular (*anti-arbitration*

---

107 (¹) Cfr. Robert Merkin, *Arbitration Law* cit., págs. 288 e segs.

injunctions), sendo paradigmáticas decisões dos tribunais estaduais indonésios no caso HIMPURNA, que se dirigiam directamente aos árbitros estrangeiros de um processo em que era parte o Estado Indonésio[108].

A jurisprudência do Tribunal das Comunidades Europeias do Luxemburgo desautorizou a prática das *anti-suit injunctions* quando as acções estejam pendentes perante tribunais de países da União Europeia e dos Estados signatários da Convenção de Lugano (Caso *Turner v. Grovit*, julgado em 2004). Em final de 2007, a Câmara dos Lordes, Tribunal Supremo inglês, submeteu uma nova questão prejudicial ao Tribunal de Justiça das Comunidades Europeias acerca da compatibilidade de uma *anti-suit injunction* com o Direito Comunitário, vindo o tribunal de Luxemburgo a reafirmar o seu entendimento sobre a incompatibilidade entre uma *anti-suit injunction* e o Regulamento Comunitário n.º 44/2001 [109].

II- Esta utilização das *anti-suit injunctions* no domínio da arbitragem internacional insere-se na problemática das relações entre tribunais estaduais e tribunais arbitrais e pode prestar-se a abusos em certos países com padrões mais discutíveis de ética judiciária.

108

[¹] Vejam-se Redfern / Hunter / Blackaby / Partasides, ob cit., págs. 368 e segs. da tradução espanhola.

109 [¹] Acórdão de 10 de Fevereiro de 2009, Proc. n.º C-185/07, Allianz SPA e outra/West Tankers Inc.

Não parece admissível a utilização em Portugal de um procedimento cautelar comum destinado a inibir uma parte do exercício do seu direito constitucional de acesso à justiça, embora se trate de questão que – segundo cremos – não se pôs até hoje perante tribunais portugueses.

No continente europeu, a prática mostra que não são acolhidas *anti-arbitration injunctions*.

Por outro lado, não parece possível que, na pendência de um processo arbitral, a parte demandante peça ao próprio tribunal arbitral que ordene à outra parte que não recorra aos tribunais estaduais, nacionais ou estrangeiros, seja para requerer nelas uma medida cautelar, seja para propor neles uma acção com o mesmo objecto.

III– Trata-se de questões que acabarão por surgir à medida que se desenvolve mais o recurso à arbitragem voluntária e em que pode haver pendência simultânea de um processo arbitral e de um processo perante um tribunal estadual.

Capítulo VI

O Processo Arbitral

30.   As regras do processo – formas de determinação

I- REDFERN/HUNTER/BLACKABY/PARTASIDES começam o capítulo dedicado à "Condução do Processo Arbitral" com a seguinte prevenção:

> *"Pode levar-se a cabo uma arbitragem internacional de diferentes formas. Não existem regras fixas. Os regulamentos de arbitragem [das instituições que organizam arbitragens] costumam conter as linhas gerais dos diferentes passos a seguir; mas as regras específicas do processo são estabelecidas contratualmente pelas partes ou pelo tribunal, ou por ambos. A única coisa segura é o que os advogados não deverão basear-se em normas processuais aplicadas nos tribunais do seu país de origem."*
> (110)

No que toca à arbitragem interna, a tendência dos árbitros e dos advogados das partes vai no sentido de moldar o processo

---

110 (1) *Teoria e Prática* cit., trad. espanhola, pág. 387; sublinhado acrescentado.

arbitral em conformidade com o modelo de processo declarativo acolhido no CPC. É criticável a adopção pura e simples do modelo do processo declarativo, embora se possa aceitar que, nos casos omissos de regulamentação processual adoptada, venha a ser aplicado supletivamente este diploma.[111]

Veja-se a regra constante do art. 30.º, n.º 3, parte final do Projecto da APA.

De forma louvável, o novo Regulamento da Associação Comercial de Lisboa/Câmara do Comércio e Indústria Portuguesa, de 2008, não manda aplicar supletivamente o Código de Processo Civil, embora faça por vezes referências à "lei", devendo entender-se que remete para este Código. É o que sucede em relação à reconvenção (art. 18.º, n.º 3), à intervenção de terceiros no processo arbitral (art. 25.º, n.º 3) e aos meios de prova admissíveis, quando seja aplicável o direito português (art. 30.º, n.º 1).

II – A Lei-Modelo da CNUDCI/UNCITRAL estabelece, no seu art. 19.º, n.º 1, o princípio de que "as partes podem, por acordo, escolher livremente o processo a seguir pelo tribunal arbitral", sem prejuízo das disposições da presente lei.

Na falta de escolha das regras de processo pelas partes, cabe

---

111

[1] Crítica esta afirmação, com argumentação consistente, Filipe Alfaiate ("A Prova em Arbitragem: Perspectivas de Direito Comparado", in *II Congresso do Centro de Arbitragem da Câmara de Comércio e Indústria Portuguesa*, Coimbra, Almedina, 2009, pág. 133).

ao próprio tribunal arbitral "conduzir a arbitragem do modo que julgar apropriado. Os poderes conferidos ao tribunal arbitral compreendem o de determinar a admissibilidade, pertinência e importância de qualquer prova produzida" (art. 19.º, n.º 2).

No artigo antecedente, a Lei-Modelo estabelece a regra fundamental que preside ao processo arbitral e que é a de igualdade de tratamento das partes, a qual acarreta a garantia do pleno contraditório:

> *"As partes devem ser tratadas em pé de igualdade e devem ser dadas a cada uma delas todas as possibilidades de fazerem valer os seus direitos."*

III– POUDRET e BESSON distinguem, com relevância sobretudo para a arbitragem internacional, as regras que disciplinam o processo arbitral da noção mais ampla de *lex arbitrii*, lei da arbitragem. As regras do processo arbitral regulam a conduta dos árbitros e das partes, a indicação de peças escritas (articulados; alegações), os prazos de resposta, os meios de prova e o formalismo da sua produção. Estas regras não têm qualquer incidência sobre, por exemplo, a interpretação e apreciação da validade da convenção de arbitragem ou sobre as relações entre o tribunal arbitral e os tribunais estaduais ou os vários processos que servem para impugnar ou completar decisões arbitrais perante estes últimos. Dizem os mesmos autores:

"A lex arbitrii [lei da arbitragem] tem um âmbito de aplicação mais vasto porque regula a arbitragem como um todo. Regula o controlo pelos tribunais estaduais das actividades dos árbitros, da validade da convenção de arbitragem (directamente ou por remissão para outro Direito), da arbitrabilidade do litígio e a assistência dos tribunais estaduais quanto à arbitragem. Também contém normas aplicáveis ao processo arbitral. Estas normas compreendem normalmente princípios processuais fundamentais ou normas supletivas que só se aplicam na falta de escolha de regras específicas pelas partes ou pelos árbitros. Embora a lex arbitrii contenha certas normas aplicáveis ao processo arbitral, está longe de ser completa quanto a tal matéria." [112]

IV– No seu Capítulo III, arts. 15.º a 18.º, a LAV, enquanto *lex arbitrii* relativamente às arbitragens "que tenham lugar em território nacional" (art. 37.º do mesmo diploma), estabelece as referidas "regras mínimas" quanto ao processo arbitral.

Nos termos do art. 15.º, n.º 1, da LAV podem as partes acordar sobre as regras do processo a observar na arbitragem, bem como sobre o lugar onde funcionará o tribunal. Tal acordo pode constar da convenção de arbitragem ou de escrito posterior até à aceitação do primeiro árbitro. De facto, a partir do momento em que haja um árbitro que tenha aceite o encargo, não devem as

---

[112] (1) *Comparative Law* cit., pág. 458.

partes estabelecer regras processuais sem o acordo daquele. O n.º 2 do mesmo artigo indica que o acordo das partes pode resultar da escolha de um regulamento de arbitragem de uma entidade que organize arbitragens institucionalizadas, ou da escolha de uma dessas entidades para organização da arbitragem (solução de arbitragem institucionalizada).

Na prática portuguesa, é frequente que as regras processuais nas arbitragens *ad hoc* sejam fixadas por acordo entre as partes e os árbitros no chamado "contrato de arbitragem" ou na "acta de instalação" dos árbitros aceite pelas artes.

O n.º 3 do art. 15.º confere aos árbitros o poder de escolher as regras de processo a observar na arbitragem e o lugar de funcionamento do tribunal, se não tiver havido acordo das partes ou, acrescente-se, acordo entre os árbitros e as partes.

31.   Os princípios imperativos do processo arbitral

I- Quaisquer escolhas de regras processuais têm de observar princípios imperativos fundamentais, nomeadamente, o da igualdade das partes e o do contraditório.

Tal matéria consta do art. 16.º da LAV, onde se impõe o tratamento das partes com absoluta igualdade, a necessidade de haver um acto de citação do demandado para se defender (constituindo a respectiva falta não sanada motivo de anulação da sentença arbitral – art. 27.º, n.º 1, alínea c), da LAV), a observância "em todas as fases do processo (...) do princípio do contraditório" e, por último, a necessidade de ambas as partes serem "ouvidas, oralmente ou por escrito, antes de ser proferida a decisão final" (garantia de apresentação de alegações finais). Note-se que a violação de qualquer destes princípios imperativos só tem eficácia anulatória da decisão arbitral quando tenha tido "influência decisiva na resolução do litígio" (art. 28.º, n.º 1, alínea d), da LAV, já citado).

II– POUDRET e BESSON notam que os princípios fundamentais que limitam a autonomia das partes e dos árbitros têm um acolhimento praticamente universal, embora o seu conteúdo surja, por vezes, diversificado, em função de opções dos diferentes direitos nacionais:

> *"Fiéis à postura assumida neste livro, consideramos que o tribunal arbitral deve respeitar os direitos processuais fundamentais da lex arbitrii do país da sede. Não obstante afirmações neste sentido nas jurisprudências suíça e alemã (...), a conexão com a lex arbitrii da sede não significa necessariamente que as garantias processuais aplicáveis num tribunal arbitral correspondam às reconhecidas no país da sede no que respeita aos processos nos tribunais estaduais. Como Schneider correctamente apontou, a aplicação dos direitos*

fundamentais deve tomar em consideração a natureza específica da arbitragem (internacional). Acresce que já vimos que a aplicação do art. 6.º da CEDH [Convenção Europeia dos Direitos do Homem] à arbitragem é controvertida (...). A conexão com o lugar da sede significa simplesmente que um tribunal arbitral deve remeter para as concepções do país da sede a respeito das garantias processuais fundamentais na arbitragem, sob pena de haver um risco de anulação da sentença arbitral.[113]

32. A fase introdutória do processo arbitral – problemas decorrentes da revelia do demandado

I- É difícil dizer quando se inicia um processo arbitral.

Para alguns efeitos, é seguro que é o momento da recepção pelo destinatário da comunicação que a parte "mais diligente" fez para desencadear o processo arbitral, (n.º 2 do art. 11.º da LAV, quando se trate de arbitragem *ad hoc*. Veja-se a regra constante do art. 33., n.º 1, do Projecto da LAV). Para outros efeitos, releva o momento em que o tribunal arbitral se acha constituído e instalado. Para outros efeitos ainda, poderá relevar o momento em que a parte demandante apresenta o seu primeiro articulado[114].

---

113 (¹) *Comparative Law* cit., pág. 471.

114 (¹) No que toca à arbitragem institucional, veja-se, por exemplo, o art. 17.º do Regulamento de Arbitragem de 2008 da Associação Comercial de Lisboa / Câmara de Comércio e Indústria Portuguesa.

O novo Código de Processo Civil suíço, que ainda não está em vigor, tem um preceito que estabelece o início da pendência da lide (art. 378.º)[115].

II– Imagine-se que uma das partes requereu um procedimento cautelar nos tribunais estaduais portugueses como preliminar de uma acção arbitral que vai correr em Portugal ou no estrangeiro.

Como se sabe – se se descontar o procedimento cautelar especificado de suspensão de deliberações sociais que tem de ser requerido no prazo de 10 dias a contar da data da assembleia geral onde foram tomadas as deliberações, se o requerente tiver sido regularmente convocado, ou da data em que ele teve

---

[115] (ᶠPelo seu interesse, transcreve-se o preceito:

Art. 372.º (Pendência da lide):

"1. A instância arbitral está pendente:

a)   A partir do momento em que uma parte se dirija (*saisit*) ao tribunal arbitral designado na convenção de arbitragem:

b)   Se a convenção de arbitragem não designar qualquer tribunal, a partir do momento em que uma parte desencadeie o processo de constituição do tribunal arbitral ou o processo de conciliação prévia acordado entre as partes.

2. Quando as partes apresentarem demandas idênticas a um tribunal judicial e a um tribunal arbitral, o que tiver recebido a demanda em segundo lugar suspende oficiosamente o processo até que esteja decidida a questão de competência do primeiro tribunal (*jusquà droit connu sur la compétence du premier saisi*).

conhecimento da deliberação – o comum dos procedimentos cautelares não prevê um prazo rígido para ser apresentado o respectivo requerimento cautelar. Em contrapartida – e de novo descontando a especialidade quanto a prazo de caducidade do procedimento cautelar de suspensão de deliberações quando a acção principal seja de anulação de deliberações sociais (cfr. Código das Sociedades Comerciais, art. 59.º, n.º 2) – existe uma prazo de caducidade para requerer a acção principal: o prazo de 30 dias contado da data em que tiver sido notificada ao requerente a decisão que a tenha ordenado (art. 389.º, n.º 1, alínea a) CPC – o n.º 2 deste preceito prevê o caso de o requerido não ter sido ouvido antes do decretamento da providência, situação em que o prazo para a propositura da acção principal "é de 10 dias contados da notificação ao requerente de que foi efectuada ao requerido a notificação prevista no n.º 6 do artigo 385.º").

Ora, tratando-se o processo principal de um processo arbitral, tem de entender-se que é aplicável, directamente ou por analogia, o disposto no art. 383.º, n.º 5, do CPC, com o seguinte teor:

> *"Nos casos em que, nos termos de convenções internacionais em que seja parte o Estado Português, o procedimento cautelar seja dependência de uma causa que já foi ou haja de ser intentada em tribunal estrangeiro, o requerente deverá fazer prova nos autos do procedimento cautelar da pendência da causa*

principal, através de certidão passada pelo respectivo tribunal"[116]

Este n.º 3 do art. 383.º é directamente aplicável quando o processo arbitral haja de correr em país estrangeiro (país estrangeiro da sede da arbitragem).

A solução há-de valer, por interpretação extensiva ou aplicação analógica, quando o processo principal seja um processo que vai correr perante um tribunal arbitral com sede em território português.

Tratando-se de arbitragem *ad hoc*, se o requerente do procedimento cautelar não quiser propor a acção arbitral antes da decisão sobre o procedimento cautelar, deverá, no prazo de trinta dias contados da decisão que conceda a providência requerida, instaurar a acção arbitral, observando para o efeito o disposto no art. 11.º, nos 1 e 2, da LAV (arbitragem *ad hoc*) ou o que estiver prescrito no respectivo regulamento, tratando-se de arbitragem institucional.[117]

Os autos de procedimento cautelar não serão apensados ao processo arbitral, deles devendo constar uma certidão demonstrativa da pendência ou da instauração subsequente do

---

116 (¹) Sobre este preceito, vejam-se Lebre de Freitas/Montalvão Machado/Rui Pinto, *Código de Processo Civil Anotado*, 2.º vol, 2..ª ed., Coimbra, Coimbra Editora, 2008, pág. 20.

117 (¹) Neste sentido, cfr. Acórdão da Relação de Évora de 5 de Junho de 2008, in *Colectânea de Jurisprudência*, ano XXXIII (2008), III, pág. 245.

processo arbitral, passada pelo tribunal arbitral.

III– A pendência do processo arbitral releva igualmente no que toca ao instituto da prescrição.

A situação está prevista no art. 324.º do Código Civil, mas a redacção do preceito é anterior à LAV (o Código Civil é de 1966, tendo entrado em vigor em 1 de Junho de 1967) e, por isso, reflecte a regulamentação que constava então dos arts. 1508.º e seguintes do Código de Processo Civil, preceitos que regulavam a arbitragem voluntária.

Dispõe o referido art. 324.º do Código Civil, sob a epígrafe "Compromisso arbitral":

"1. O compromisso arbitral interrompe a prescrição relativamente ao direito que se pretende tornar efectivo.

2. Havendo cláusula compromissória ou sendo o julgamento arbitral determinado por lei, a prescrição considera-se interrompida quando se verifique algum dos casos previstos no artigo anterior"[118].

118

[¹] *Sobre esta norma, veja-se Pires de Lima e Antunes Varela,* Código Civil Anotado, I, *4.ª ed., Coimbra, Coimbra Editora, 1987, pág. 291. Os nᵒˢ 1 e 2 do art. 323.º do Código Civil prevêem a interrupção da citação pela citação ou notificação judicial "de qualquer acto que exprima, directa ou indirectamente, a intenção de exercer o direito", tendo-se por interrompida*

Note-se que hoje a convenção de arbitragem abrange indistintamente a cláusula compromissória e o compromisso arbitral, sendo certo que já não vigora a regra de que à cláusula compromissória se deveria seguir sempre um compromisso arbitral.

Afigura-se, por isso, que, havendo cláusula compromissória, além da citação ou notificação judicial, há-de valer como acto a estas equiparado a notificação feita nos termos do art. 11.º, n.º 3, da LAV. Ao que parece, é essa opinião de ANTUNES VARELA.

IV– Atendo-nos ao caso da arbitragem *ad hoc*, importa dizer que deve ser a partir da citação do demandado para o processo arbitral que se estabiliza a instância arbitral, fixando-se as partes e o objecto do litígio (claro que pode haver ainda reconvenção por parte do demandado).

V– Um dos problemas complicados que surgem no processo arbitral tem a ver com as situações de <u>revelia</u> do demandado. Tal revelia pode decorrer de não ter sido possível contactar sequer com a contraparte da convenção na fase da instauração do litígio arbitral, tendo-se depois frustrado a citação, ou antes pode decorrer do facto de o demandado, apesar de ter sido

---

a prescrição se a citação ou notificação não se fizer dentro de 5 dias depois de ter sido requerida, por causa não imputável ao requerente.

regularmente citado, não ter apresentado qualquer resposta, optando por não deduzir defesa.

A LAV não dispõe sobre esta matéria, deixando-a para a regulamentação das partes ou do próprio tribunal arbitral.

POUDRET e BESSON referem-se à problemática da revelia da parte demandada nos seguintes termos,

"Como Fouchard, Gaillard e Goldman têm acentuado, o processo, em caso de revelia na arbitragem, é regulado por dois princípios gerais. Em primeiro lugar, a revelia de uma parte não implica necessariamente que esta parte reconheça as pretensões ou alegações da outra parte (...). Tal é explicado pela ausência no processo arbitral de um meio que permita à parte revel requerer novo julgamento do caso, como é permitido em processos judiciais (normalmente após o pagamento de um preparo substancial para custas). Sem este processo de reabertura da instância, a ficção de aquiescência quanto aos factos alegados pela outra parte constituiria uma sanção desproporcionada (...).

O segundo princípio postula que a revelia de uma das partes não deve paralisar o processo arbitral (...). Os árbitros têm, por isso, poderes para continuar com o processo (...). A maior parte das leis de arbitragem que contêm uma norma reguladora de revelia de uma parte reconhece tal poder aos árbitros (...) A mesma

solução existe em França, Itália e Suíça, embora
a lei não regule esta questão (...)[119]

Por exemplo, na Alemanha o §1048.º do ZPO prevê, no seu n.º 2, que, se o demandado não apresentar a sua defesa nos termos ao §1046.º, n.º 1, o tribunal arbitral prosseguirá com o processo arbitral sem considerar a revelia como aceitação das alegações do demandante.

Entre nós, porém, a lei é omissa no que toca à revelia. O regime desta é remetido para a regulamentação processual que for aplicável nos termos do art. 15.º, n.º 1, da LAV.

Se for aplicável subsidiariamente o nosso Código de Processo Civil, a revelia não paralisará o processo arbitral e pode acarretar a confissão dos factos alegados pelo demandante (revelia operante).

Já no Regulamento de Arbitragem de 2008 da ACL/CCIP (Associação Comercial de Lisboa/Câmara de Comércio e Indústria Portuguesa), o art. 22.º estabelece que, em caso de revelia, o processo prossegue (n.º 1), e "a ausência de defesa ou de resposta ao pedido reconvencional não isenta a outra parte de ter de fazer prova quanto ao pedido e seus fundamentos". A mesma solução consta do art. 35.º, n.º 2, do Projecto da APA.

33. O desenvolvimento do processo arbitral – a decisão sobre a competência e a sanação da incompetência por falta de suscitação

---

119 [1] *Comparative Law* cit., pág. 507.

da questão como meio de defesa

I- Uma vez instituído o tribunal arbitral, inicia-se o processo arbitral, em regra com troca de peças processuais (articulados) entre as partes do processo.

A tramitação do processo arbitral é variável em função das regras de processo adoptadas em cada caso concreto. Tratando-se de arbitragem institucional, importa ver o que está previsto no respectivo regulamento.

Por vezes, na fase inicial do processo arbitral ou no fim dos articulados, é prevista uma <u>audiência processual preliminar,</u> em que as partes e/ou os seus representantes se juntam aos árbitros para diversas finalidades (proceder a uma tentativa de conciliação; preparar a audiência final, seleccionando a matéria provada e a provar; discutir excepções suscitadas nos articulados, etc.).

Nas arbitragens CCI, o respectivo regulamento prevê a realização de uma audiência inicial onde é assinado o chamado *acte de mission* ou, na terminologia inglesa, *terms of reference*, ou seja, um documento escrito que define o quadro do litígio, chamando a atenção das partes para as principais questões em causa (cfr. art. 18.º do Regulamento de 1998) e estabelecendo um calendário para o processo.

Deve notar-se que no nosso Direito, como no comum dos Direitos de Arbitragem, as partes podem ser assistidas por representantes, nomeadamente advogados (cfr. art. 17.º da LAV).

II– Já atrás vimos que os árbitros não podem conhecer *ex officio* da sua incompetência, devendo a questão ser suscitada pela parte legitimada para o efeito, ou seja, o demandado "até à apresentação da defesa quanto ao fundo da causa ou juntamente com esta" (art. 21.º, n.º 3, LAV). No Direito suíço e quanto às arbitragens internacionais, o art. 186.º, n.º 2, da LDIP estatui que a excepção de incompetência "deve ser suscitada previamente a qualquer defesa sobre o fundo."

Suscitada a questão pelo demandado e uma vez assegurado o contraditório ao demandante, "o tribunal arbitral pode pronunciar-se sobre a sua própria competência, mesmo que para esse fim seja necessário apreciar a existência, a validade ou a eficácia da convenção de arbitragem ou de contrato em que ela se insira, ou a aplicabilidade da referida convenção" (art. 21.º, n.º 1, da LAV). Sabemos que, por força da regra da autonomia ou separabilidade da convenção de arbitragem, a nulidade do contrato em que se insira uma convenção de arbitragem não acarreta a nulidade desta, salvo quando se mostre que ele não teria sido concluído sem a referida convenção." (art. 21.º, n.º 2, da LAV).

Vimos igualmente que o tribunal arbitral pode proferir uma decisão interlocutória sobre a sua competência – e diz-se vulgarmente que bifurca o seu poder decisório, desfasando no tempo a decisão sobre a competência e, depois, se esta decisão for no sentido da competência, decidindo sobre o mérito ou fundo – ou pode relegar para a decisão final a apreciação da questão de competência (não há, então, <u>bifurcação</u>)[120]. O Projecto da APA regula esta matéria no art. 18.º, n.º 6.

Importa recordar que a decisão pela qual o tribunal se declare competente só pode ser apreciada pelo tribunal judicial depois de proferida a decisão sobre o fundo da causa e através de acção de anulação (art. 27.º), ou recurso ordinário, se não tiver havido renúncia a ele e se trate de arbitragem não internacional (arts. 29.º e 34.º da LAV), ou ainda de oposição à execução (art. 31.º da LAV).

Por último, vale a pena sublinhar que é válido entre nós o que GABRIELLE KAUFMANN-KOHLER e ANTONIO RIGOZZI escrevem em relação ao Direito suíço:

> *"O demandado que entra na matéria do fundo da causa sem suscitar a incompetência – entrada na matéria que se designa frequentemente através do termo alemão <u>Einlassung</u> – expõe-se a duas consequências principais:*
>
> *- A <u>Einlassung</u> confere ao tribunal arbitral a competência para decidir o litígio que é chamado a apreciar.*
>
> *- Ela exclui uma contestação ulterior da competência do tribunal arbitral, seja perante ele próprio seja perante o Tribunal Fédéral*

---

[120] (¹) Remete-se para "Decisões Interlocutórias e Parciais no Processo Arbitral. Seu Objecto e Regime" de António Sampaio Caramelo, já citado (in *II Congresso do Centro de Arbitragem…*, págs.173 e segs.).

[supremo tribunal suíço, competente para apreciar as impugnações das decisões arbitrais] na fase de recurso contra a sentença (...)[121]

De facto, em matéria de acção de anulação da decisão arbitral, o n.º 2 do art. 27.º da LAV estatui que o fundamento de anulação previsto na alínea b) do n.º 1 desse artigo ("Ter sido proferida [a sentença arbitral] por tribunal incompetente ou irregularmente constituído") não pode ser invocado pela parte que "dele teve conhecimento no decurso da arbitragem e que, podendo fazê-lo, não o alegou oportunamente".

34. As medidas cautelares ou provisórias – a questão da competência para as decretar

I– De um ponto de vista histórico, no domínio da arbitragem internacional, houve instituições de arbitragem que começaram a prever, nos seus regulamentos, a possibilidade de os árbitros decretarem determinadas medidas de natureza provisória ou cautelar.

---

[121] (1) *Arbitrage International* cit., pág. 154; os Autores afirmam que, na maior parte dos casos, a *Einlassung* afastará assim qualquer oposição por falta de competência no momento do reconhecimento e da execução de sentença, embora o princípio sofra uma excepção no sentido de que o tribunal arbitral deve examinar oficiosamente se o litígio é arbitrável, pelo menos quando esteja em causa a ordem pública internacional.

O primeiro regulamento da CCI de 1923 previa no seu art. XXXIX, alínea c), o seguinte:

"Em todos os casos, os árbitros, a pedido de uma das partes interessadas, terão o direito de proferir uma decisão provisória a estabelecer as medidas de natureza conservatória que sejam indispensáveis e, quando estritamente necessário, a alienação de mercadorias ou objecto em litígio, ficando, todavia, entendido e acordado que nenhuma decisão dos árbitros desta natureza acarretará qualquer responsabilidade pessoal relativamente aos mesmos árbitros."

Noutras instituições apareceram normas deste tipo, prevendo um leque limitado de medidas provisórias (depósito dos bens litigiosos; venda antecipada de bens deterioráveis, etc.).

Todavia, tratava-se de soluções pontuais, próprias do comércio internacional, que passavam à margem dos direitos estaduais.

A partir dos anos sessenta do passado Século, apareceram formulações em convenções internacionais e em leis internas que procuravam salvaguardar o princípio de que o requerimento por uma das partes de uma convenção de arbitragem a um tribunal estadual para que este decretasse uma medida cautelar não acarretava, como consequência, a renúncia à arbitragem pela parte requerente.

Assim, na Convenção Europeia sobre Arbitragem Comercial Internacional de 1961 (de que Portugal não é parte) aparece no seu Art. VI, n.º 4, a seguinte regra:

"O pedido de medidas provisórias ou conservatórias dirigido a uma autoridade judiciária não deve ser considerado incompatível com a convenção de arbitragem, nem como sujeição do mérito do litígio ao tribunal judicial."

Este princípio foi consagrado no art. 9.º da Lei-Modelo da CNUDCI em 1985.

A verdade, porém, é que ao nível dos Direitos internos era tradicionalmente vedado aos tribunais arbitrais decretarem medidas provisórias ou cautelares, havendo norma própria a prever tal proibição ou, no caso de ausência de norma especial proibitiva, decorrendo a proibição da jurisprudência e da doutrina.

Algumas leis modernas, influenciadas pela Lei-Modelo, passaram a prever a possibilidade de os próprios tribunais arbitrais decretarem medidas cautelares, a requerimento de uma das partes da arbitragem.

Com efeito, o art. 17.º da Lei-Modelo, na sua versão originária, estabelecia o seguinte:

"Salvo convenção em contrário das partes, o tribunal arbitral pode, a pedido de uma parte, ordenar a qualquer delas que torne as medidas provisórias ou conservatórias que o tribunal arbitral considere necessário tomar em relação ao objecto do litígio. O tribunal arbitral pode exigir a qualquer das partes que, em conexão com essas medidas, preste uma garantia adequada."

Fala-se a propósito desta formulação da Lei-Modelo do acolhimento de um sistema de *opt out* (as partes podem excluir por convenção que o tribunal arbitral tenha competência para decretar medidas cautelares). A este se contrapõe um sistema de *opt in* (por convenção das partes nesse sentido, o tribunal arbitral pode decretar medidas cautelares).

Hoje quer o direito inglês, quer o direito espanhol, quer o alemão ou o austríaco prevêem a possibilidade de, salvo convenção em contrário das partes, o tribunal arbitral decretar certas medidas cautelares.

O direito suíço acolhe duas soluções diferentes: na arbitragem puramente interna, a Convenção Intercantonal reserva para os tribunais estaduais o decretamento de medidas provisórias (art. 26.º, n.º 1). Já no domínio das arbitragens internacionais, o art. 183.º, n.º 1, da LDIP estabelece que:

> *"Salvo convenção em contrário das partes, o tribunal arbitral pode ordenar medidas provisórias ou medidas conservatórias a pedido de uma parte."*

O Código de Processo Civil suíço de 2008 – ainda não em vigor – afasta-se da solução da Concordata e admite a competência do tribunal arbitral para decretar medidas provisórias, nomeadamente para conservar meios de prova. Salvo convenção em contrário das partes (art. 374.º, n.º 1). Altera-se, assim, a solução anterior no que toca às arbitragens internas (há agora um regime de *opt out*).

II- No que toca à LAV, não existe qualquer referência a medidas cautelares.

Entre nós, o Decreto-Lei n.º 243/84 – que teve uma vida efémera e veio a ser declarado inconstitucional, com força obrigatória geral (remete-se para os n.ºs 3 e 11, supra) – continha no seu art. 5.º a regra que hoje aparece, por exemplo, no art. 9.º da Lei-Modelo:

> *"Não implica renúncia à convenção de arbitragem o requerimento de qualquer procedimento cautelar dirigido ao tribunal*

judicial."

Embora este preceito haja sido suprimido pela LAV, o entendimento unânime da doutrina e da jurisprudência vai no sentido de que o principio nele acolhido vigora no nosso Direito, sendo normal que se requeiram medidas cautelares como preliminar ou como incidente de um processo arbitral.

Até ao final do século passado, o entendimento maioritário da doutrina e da jurisprudência ia no sentido de que só os tribunais estaduais podiam decretar em Portugal medidas cautelares (solução reafirmada em 2006 na Lei de Arbitragem de Itália – art. 818.º do CPC). RAÚL VENTURA, por exemplo, duvidava de que os tribunais arbitrais pudessem decretar quaisquer medidas cautelares [122].

Em anos recentes, tem começado a ser sustentado na doutrina que os tribunais podem, em certas circunstâncias, decretar medidas provisórias ou cautelares. Nesse sentido se pronunciam LIMA PINHEIRO, CALVÃO DA SILVA ,PAULA COSTA E SILVA e GONÇALO MALHEIRO, entre outros.

A verdade é que, de um modo geral, sustenta-se, na ausência de previsão na LAV, que as partes podem convencionar que o tribunal arbitral possa decretar medidas cautelares (sistema de *opt in*), embora alguns autores sustentem que não é possível, por exemplo, decretar arrestos, por estas providências pressuporem

---

[122] [1] Cfr. "A Convenção de Arbitragem" cit, *Revista* cit., pág. 342.

actuações de natureza executiva (apreender bens, como se se tratasse de uma penhora) que se baseiam no exercício de um *jus imperii* que falta aos tribunais arbitrais, mas caracteriza a actividade dos tribunais estaduais.

Há, recentemente, certas decisões de tribunais de 2.ª instância que admitem a possibilidade de os tribunais arbitrais poderem decretar certas medidas cautelares[123], embora se trate de jurisprudência não unânime.

III– Para concluir, importa chamar a atenção para que a Alteração de 2006 da Lei-Modelo passou a consagrar na Lei um Capítulo IV-A sobre medidas cautelares, distinguindo entre medidas provisórias (*ínterim measures*) e ordens preliminares (*preliminary orders*), estas últimas constituindo tutela da tutela cautelar, que podem ser determinados sem audição prévia da contraparte (medidas ex parte, na terminologia anglo-americana). Deve notar-se que se mantém a regra originária de que a convenção das partes pode afastar a competência o tribunal arbitral para ordenar medidas provisórias (sistema de *opt out* – art. 17.º, n.º 1, da Lei-Modelo).

Nessa regulamentação aceita-se uma competência concorrente dos tribunais arbitrais e dos tribunais estaduais para

---

123

[1] Ver, por exemplo, Acórdão da Relação de Lisboa de 20 de Abril de 2006; Acórdão da Relação do Porto de 17 de Maio de 2005, Procs. Nᵒˢ 3041/2006-2 e 0522209, respectivamente, in www.dgsi.pt).

decretarem medidas cautelares.

A nova regulamentação de 2006 da Lei-Modelo inspira o Projecto da APA (arts. 20.º a 29.º).

IV– O art. 4.º, n.º 1, do Regulamento de Arbitragem de 2008 da ACL/CCIP prevê que "a adesão ao presente regulamento envolve, salvo convenção das partes em contrário, a atribuição ao tribunal arbitral do poder de pronunciar providências cautelares adequadas". Acolhe-se, assim, um sistema de *opt out*. O n.º 2 desta disposição prevê, tal como o primitivo art. 17.º da Lei-Modelo, a possibilidade de o tribunal arbitral subordinar a determinação das medidas cautelares à prestação de garantia adequada pela parte a favor de quem são determinadas. A referência deste Regulamento a "providências cautelares adequadas" visa afastar a possibilidade de o tribunal arbitral decretar medidas, como o arresto ou outras com eficácia em relação a terceiros, as quais pressupõem o exercício de poderes de soberania que faltam aos tribunais arbitrais.[124]

35. Intervenção do tribunal estadual no que toca à produção de prova

I- Uma vez constituído o Tribunal Arbitral e fixadas as regras do

---

[124] [¹] Está no prelo um estudo do Autor sobre esta matéria, que deverá ser publicado no n.º 2 da *Revista Internacional de Arbitragem e Conciliação*.

processo arbitral, segue-se o desenvolvimento da instância arbitral.

Por regra, existem peças escritas em que a parte demandante descreve os factos que constituem a causa de pedir e formula o pedido ou pedidos e em que a parte demandada se defende dos pedidos, através de excepções dilatórias ou processuais (por exemplo, a nulidade da convenção de arbitragem que gera a incompetência do tribunal arbitral; a preterição de um litisconsórcio necessário natural, como seja a situação em que a parte demandante decide demandar apenas parte dos subscritores de um contrato unitário pretendendo a declaração da nulidade deste ou a sua anulação), excepções materiais (decurso de um prazo de caducidade ou de prescrição; compensação) e através da impugnação das afirmações de facto e de direito aduzidas pelo demandante. Poderá a parte igualmente deduzir pedido ou pedidos reconvencionais. Existe um entendimento generalizado de que a parte demandada tem a possibilidade de deduzir pedidos reconvencionais com amplitude, ainda que não abrangidos pela convenção de arbitragem, de modo a poder prevalecer-se de compensações dos seus créditos com créditos reconhecidos ao demandante[125].

Na arbitragem institucionalizada da CCI, do "acto de missão" (*acte de mission* ou *terms of reference*) consta em regra um "ponto" destinado a condensar a intervenção do tribunal, frequentemente designado como "questões a resolver pelo

---

[125] [1] Cfr. art. 23.º, n.º 1, da Lei-Modelo; §1046.º, n.º 3, ZPO alemã, Poudret e Besson, *Comparative Law*, pág. 496.

tribunal arbitral" (por exemplo, competência deste; legitimidade da parte ou partes, nomeadamente quando o demandante ou o demandado ou ambos sejam, por exemplo, cessionários de posição contratual ou sucessores a outro título; direito aplicável ao litígio, procedência de eventuais excepções de direito material, como a prescrição; apreciação da admissibilidade e eventual procedência dos pedidos principais e pedidos reconvencionais, liquidação e repartição das custas e encargos da arbitragem).

No caso do Regulamento de 2008 da ACL/CCIP, o art. 28.º prevê a convocação pelo tribunal arbitral de uma audiência preliminar onde este pode mesmo chegar ao entendimento de que já dispõe de elementos probatórios suficientes para proferir a decisão final. Em tal caso, "as partes serão notificadas para produzir alegações orais" (n.º 3) sem prejuízo do acordo das partes no sentido de que tais alegações sejam apresentadas por escrito.

O art. 29.º deste Regulamento tem semelhanças com o regime do Código de Processo Civil (arts. 510.º e 511.º):

"1. Se o tribunal entender necessário a produção de mais prova, deve, na audiência a que se refere o artigo anterior ou no prazo máximo de trinta dias após a sua realização:

a) Definir as questões litigiosas a decidir;

b)Definir os meios de prova de que as partes poderão fazer uso, as regras e prazos quanto à sua produção;

c) O tribunal arbitral pode fixar máximos de tempo disponível para a produção de prova e para alegações orais, respeitando o princípio da igualdade.

2. O tribunal arbitral procederá à instrução no mais curto prazo possível, podendo recusar diligências que as partes lhe requeiram se entender não serem relevantes para a decisão ou serem manifestamente dilatórias."

Por regra, no processo arbitral há audiências destinadas à produção de prova. Tais audiências podem servir ainda para tentar conciliar as partes ou para apresentar alegações em matéria de facto e de direito. Convém não esquecer que o art. 16.º da LAV, na sua alínea d), impõe nas arbitragens a observância do princípio de que "ambas as partes devem ser ouvidas, oralmente ou por escrito, antes de ser proferida a decisão final". Se as alegações forem orais, por determinação da convenção de arbitragem ou do regulamento processual adoptado pelas partes, ou pelos árbitros, ou por uns e outros, tais alegações serão produzidas em audiência perante o tribunal arbitral.

Deve notar-se que, por acordo entre as partes e os árbitros, as audiências podem realizar-se fora da sede de arbitragem, mesmo em país estrangeiro[126].

Note-se que, na marcação de audiências, deve privilegiar-se a compatibilização de agendas entre árbitros e advogados sob pena

---

[126] (1) Cfr. Luís de Lima Pinheiro, *Arbitragem Transnacional*, pág. 146.

de anulação da sentença tirada após julgamento em que não esteve presente o advogado, tendo previamente informado o tribunal da sua discordância quanto à data fixada por ter agendado outro serviço forense[127].

É usual, nas arbitragens mais complexas, haver gravação da prova e serem transcritos os depoimentos das testemunhas e esclarecimentos dos peritos em audiência.

Havendo secretário do tribunal arbitral – quer se trate de arbitragem *ad hoc*, quer de arbitragem institucionalizada – compete-lhe organizar as audiências, chamar as testemunhas a depor durante a audiência, assegurar a gravação dos depoimentos, etc. Em arbitragens internacionais, acontece, por vezes, que são os secretários que preparam as decisões processuais e, em alguns casos, preparam elementos destinados a elaborar a decisão final.

II- No que toca aos meios de prova, a admissibilidade dos mesmos é apreciada à luz do regulamento do processo arbitral ou, no silêncio deste, nos termos da lei do lugar de arbitragem ou de harmonia com o decidido pelos próprios árbitros.

Nas arbitragens internacionais, há, por vezes, pontos de vista conflituantes entre os árbitros quanto à admissibilidade de certos meios de prova, nomeadamente porque há árbitros que provêm de

---

127

[1] Cfr. Acórdão da Relação de Lisboa de 16 de Setembro de 2008 – Proc. 4213/2008-1.

países da *common law* e há outros que provêm de países inspirados nos princípios jurídicos romano-germânicos. Daí, por exemplo, que tenham sido tentados certos esforços para criar regras sobre matéria probatória a partir dos dois sistemas. A IBA (*International Bar Association*) adoptou as chamadas Regras IBA sobre a Produção de Prova nas Arbitragens Comerciais Internacionais, em 1 de Junho de 1999. Tais regras destinam-se a ser adoptadas em arbitragens *ad hoc*, mas têm servido de inspiração a certos regulamentos de instituições que organizam arbitragens.

As Regras IBA sobre Prova regulam a prova documental, a prova testemunhal de factos, a perícia através de peritos nomeados pelas partes ou pelo próprio tribunal arbitral, a inspecção de certos locais, as audiências destinadas a produzir prova, a admissibilidade e a apreciação da prova (arts. 3.º a 9.º).

O art. 2.º estabelece o âmbito de aplicação destas Regras:

> "1. Quando as partes tiverem acordado ou o Tribunal Arbitral tiver determinado a aplicação das Regras IBA Sobre Prova, estas Regras disciplinarão a produção de prova, salvo na medida em que qualquer norma delas possa ser considerada como estando em conflito com qualquer disposição imperativa do direito que seja aplicável ao caso pelas Partes ou pelo Tribunal Arbitral.
>
> 2. Em caso de conflito entre quaisquer

disposições das Regras IBA sobre Prova e Regras Gerais, o Tribunal Arbitral aplicará as Regras IBA sobre Prova pelo modo que considerar melhor para conseguir preencher os fins quer das Regras Gerais, quer das Regras IBA sobre Prova, salvo se as Partes acordarem em contrário.

3. Na eventualidade de qualquer litígio respeitante ao significado das Regras IBA sobre Prova, o Tribunal Arbitral interpretá-las-á de harmonia com a sua finalidade e do modo mais adequado à arbitragem em concreto.

4. Na medida em que as Regras IBA sobre Prova e as Regras Gerais sejam omissas sobre qualquer questão respeitante à produção de provas e as Partes não tenham acordado em sentido diverso, o Tribunal Arbitral pode proceder à produção de prova como considerar adequado, de acordo com os princípios gerais das Regras IBA sobre Prova"[128]

Especificamente e por referência ao processo civil português, importa chamar a atenção para as seguintes <u>Regras IBA sobre Prova</u>:

- Art. 3.º, n.º 12 – *"Todos os documentos*

---

[128] (1) Segundo o art. 1.º, que trata de definições, as Regras Gerais – *General Rules* – significam as regras processuais institucionais ou *ad hoc* em conformidade com as quais as Partes estão a conduzir a respectiva arbitragem.

apresentados por uma Parte de harmonia com as Regras IBA sobre Prova (ou por um terceiro, nos termos do art. 3.º, n.º 8) serão mantidos confidenciais pelo Tribunal Arbitral e pelas outras Partes e serão usados apenas em conexão com a arbitragem. O Tribunal Arbitral pode proferir despachos para determinar os termos desta confidencialidade. Esta exigência é assumida sem prejuízo de todas as outras obrigações de confidencialidade na arbitragem."

- Art. 4.º, n.º 2 – *"Qualquer pessoa pode produzir prova como testemunha, incluindo uma Parte ou um administrador da Parte, empregado ou qualquer representante"*[129];

- Art. 4.º, n.º 3 – *"Não é inapropriado que uma Parte, os seus administradores, empregados, consultores jurídicos ou outros representantes conduzam entrevistas às suas testemunhas ou potenciais testemunhas"*[130];

129

[1] Cfr. o regime restritivo da prova por confissão através de depoimento de parte: a própria parte não pode por sua exclusiva iniciativa depor como parte – cfr. art. 553.º, n.º 3, CPC.

130

[1] Cfr. a regra deontológica portuguesa contrária de que os advogados não

- Art. 8.º, n.º 1 – *"O Tribunal Arbitral terá um controlo constante e completo sobre a Audiência de Produção de Prova (Evidentiary Hearing). O Tribunal Arbitral poderá limitar ou excluir qualquer questão posta a uma testemunha, ou a resposta dela ou a sua comparência (o termo testemunha inclui, para efeitos deste Artigo, as testemunhas de factos e quaisquer peritos), se considerar tal questão, resposta ou comparência irrelevante, despropositada (immaterial), opressiva, repetida ou coberta por um fundamento de oposição previsto no artigo 9.º, n.º 2. As questões postas a uma testemunha na inquirição ou na instância não devem ser indevidamente sugestivas"*[131];

- Art. 9.º, n.º 5 – *"Se uma parte se abstiver, sem explicação satisfatória, de disponibilizar qualquer outro meio de prova relevante, incluindo testemunhal, visado por uma Parte, em relação à qual a Parte a quem foi dirigida a solicitação não se opôs em devido tempo, ou se abstiver de disponibilizar qualquer meio de*

---

podem falar com as testemunhas, nem preparar o respectivo depoimento.

131

[1] Cfr. art. 638.º, n.º 3, do CPC.

prova, incluindo testemunhal, que o Tribunal Arbitral tenha mandado apresentar, o Tribunal Arbitral poderá inferir que tal prova seria contrária aos interesses dessa Parte"[132].

Na prática portuguesa, há casos em que as Partes no regulamento processual por si elaborado prevêem a possibilidade de as próprias partes deporem, sem quaisquer limites, como testemunhas, embora sem remeter para as Regras IBA sobre Prova.

Em síntese, parece justificar-se na arbitragem internacional a remissão para as Regras IBA sobre Prova, que são uma "verdadeira codificação de princípios geralmente reconhecidos sobre produção de prova nas arbitragens internacionais."[133]

III- Em matéria de prova, o art. 18.º, n.º 1, da LAV estatui que "pode ser produzida perante o tribunal arbitral qualquer prova admitida pela lei do processo civil."

Por seu turno, o n.º 2 deste art. 18.º da LAV prevê um caso de assistência do tribunal estadual a uma arbitragem. Dispõe esse preceito:

132

[1] Cfr. arts. 519.º, n.º 2, 529.º e 530.º CPC.

133 [1] Poudret e Besson, *Comparative Law*, pág. 552.

> *"Quando a prova a produzir dependa da vontade de uma das partes ou de terceiro e estes recusem a necessária colaboração, pode a parte interessada, uma vez obtida autorização do tribunal arbitral, requerer ao tribunal judicial que a prova seja produzida perante ele, sendo os seus resultados remetidos àquele primeiro tribunal."*

Trata-se de uma disposição que aparece frequentemente em leis de arbitragem, precisamente porque os árbitros carecem de *ius imperii* para fazer comparecer uma testemunha ou um perito numa audiência de um processo arbitral[134].

Infelizmente, o Código de Processo Civil não adjectiva minimamente esta forma de assistência, sendo de recear que o tempo despendido entre o momento do pedido e o da satisfação deste pelo tribunal judicial sejam incomportáveis quando haja prazos determinados para emissão de sentença arbitral (cfr. art. 19.º da LAV).

Também nos Estados Unidos, os tribunais estaduais reconhecem que têm poderes para assistir os árbitros na produção de prova, nomeadamente podendo compelir as testemunhas a comparecer perante os árbitros ou determinando a apresentação de documentos identificados. Em todo o caso, há regras muito

---

134

[1] Ver, por exemplo, art. 816.º-ter, n.º 3, do CPC italiano; §1050.º ZPO alemã; art. 184.º, n.º 2, da LDIP suíça; secção 42.º do *Arbitration Act* inglês, etc..

estritas no que toca à apresentação de provas antecipadas (*prehearing discovery*) e, depois de constituído o tribunal arbitral, as formas de assistência pelos tribunais arbitrais têm condições muito exigentes[135].

36. A problemática das "arbitragens complexas" – arbitragens com pluralidade de partes, intervenção de terceiros, apensação de processos arbitrais

I- De um modo geral, as leis de arbitragem voluntária e os regulamentos mais antigos pressupõem que os tribunais arbitrais têm apenas uma parte activa (demandante) e uma parte passiva (demandado).

A verdade é que a prática mostra que, em numerosas situações, os processos arbitrais têm pluralidade de partes, seja de lado do demandante, seja do lado do demandado, ou que há situações em que terceiros pretendem intervir em processos arbitrais pendentes ou uma das partes requer a intervenção no processo arbitral de um terceiro.

A partir dos anos finais do passado Século começou a ser estudado o fenómeno das arbitragens multi-partes ou arbitragens complexas.

O jurista belga BERNARD HANOTIAU escreveu em 2005 um

---

135 (1) Cfr. Poudret e Besson, *Comparative Law*, págs. 567-568; Luís de Lima Pinheiro, Arbitragem Transnacional cit., pág. 148.

estudo sobre as <u>Arbitragens Complexas</u>, abrangendo as situações de arbitragens multi-partes, arbitragens com multi-contratos ou com múltiplos objectos e até as acções arbitrais colectivas (*class actions*).

Diferentemente do que sucede com os processos judiciais estaduais – em que há amplas possibilidades de fazer intervir terceiros em processos pendentes -, no domínio arbitral as coisas são menos claras. Escreve BERNARD HANOTIAU no início do seu estudo:

> *"O propósito deste livro – que teve origem num artigo publicado em 2001 no <u>Journal of International Arbitration</u> (...) – é analisar os* problemas jurídicos substantivos e processuais que se deparam às partes e aos árbitros nas arbitragens multicontratos, multipartes, multi-objecto (<u>multi-issue</u>). Quando surge um litígio que envolve mais do que duas partes, uma série de contratos ou múltiplos objectos, pode suceder que os demandantes ou potenciais demandantes não estejam em posição de trazer os vários demandados desejados a um único processo arbitral. O mesmo problema aparece quando um demandante ou demandado quer juntar ao processo outra parte da transacção económica. Tal será o caso, por exemplo, se, de três contratos que formam uma cadeia contratual, um inclui um pacto de jurisdição a favor de diferentes tribunais estaduais; ou,

em alternativa, se os três contratos contêm convenções de arbitragem diferentes (instituições diferentes ou sedes diferentes); ou se o demandante pretende fazer intervir na arbitragem, como demandado ou demandante adicional, uma sociedade subsidiária do grupo do demandado ou do demandante que não assinou formalmente o contrato que contém a convenção de arbitragem, mas desempenhou um papel determinante na conclusão e execução do projecto litigioso"[136].

De facto e como este Autor põe em realce, sendo a arbitragem voluntária consensual por natureza, surgem dificuldades quando se quer ampliar a competência de certo tribunal arbitral de forma a incluir no processo terceiras entidades que poderão nunca ter assinado a convenção de arbitragem. A situação é bem diferente da que ocorre com os tribunais estaduais, pois aí o poder de soberania estadual impõe a comparência em juízo de terceiros cuja intervenção tenha sido requerida (intervenção de terceiro provocada).

Já tivemos ocasião de abordar os problemas de extensão da eficácia objectiva e subjectiva da convenção de arbitragem [137] - e da problemática da pluralidade inicial de partes[138], neste último

---

136 [1] *Complex Arbitrations Multiparty, Multi contract, Multiissue and Class Actions, Kluver Law International*, Haia, 2005, pág. 193.
137 [1] Ver, supra, Capitulo III, n.º 21.

138

[1] Ver, supra, Capitulo IV, n.º 23.

caso em relação ao problema do acordo das partes plurais na escolha de um árbitro comum.

No presente momento, a questão incide sobre a modificação subjectiva da instância arbitral, por intervenção de partes adicionais em relação aos demandados ou aos demandantes.

BERNARD HANOTIAU, na sua obra, procura responder a múltiplas questões que surgem a propósito das arbitragens complexas:

"- Quem são as partes do contrato e/ou da convenção de arbitragem nele contida?

- Pode uma convenção de arbitragem ser estendida a não-signatários? Faz alguma diferença o facto de a questão surgir em relação a grupos de sociedades (a extensão é requerida em relação a outras sociedades do grupo, a administradores ou accionistas)?

- Em que medida é possível trazer-se a um único processo arbitral as várias partes que participaram numa única transacção económica constante de diversos contratos?

- Pode um tribunal arbitral que está a julgar um litígio surgido essencialmente a partir de um contrato concreto decidir questões que surgem de acordos conexos de que são partes as partes do processo, possivelmente em conjunto com outros contraentes?

- Se for necessário iniciar processos arbitrais separados, podem estes diferentes

processos ser apensados (<u>consolidated</u>) e em que circunstâncias?

- Se não puderem ser apensados, como e em que medida podem ser ultrapassados os inconvenientes que surgem de diferentes processos paralelos?

- Quem pode agir como demandante e contra quais demandados? Pode um demandado fazer intervir outros demandados, sejam eles partes da convenção de arbitragem ou terceiros? Pode uma parte de uma estrutura contratual complexa intervir voluntariamente no processo?

- Quando há vários demandados que têm interesses divergentes e, por isso, não querem nomear o mesmo árbitro, como é que há de proceder-se para constituir o tribunal arbitral colegial?

- Pode um demandado num processo arbitral deduzir uma pretensão contra outro demandado?

- Como se devem conduzir estes processos complexos ou paralelos no interesse da melhor administração da justiça?

- Quais são as consequências das respostas às questões atrás indicadas no que toca à exequibilidade da sentença arbitral?

- Em que medida deve um tribunal arbitral tomar em consideração uma sentença arbitral numa arbitragem conexa com origem no mesmo projecto?

- A arbitragem colectiva (<u>classwide</u>

arbitration) é possível e desejável?"[139]

As respostas a estas questões têm em conta decisões arbitrais, em arbitragens internacionais, que, por vezes, tomam decisões inovadoras, considerando que estão desactualizadas muitas leis de arbitragem vigentes em diferentes países. Frequentemente tais decisões são desautorizadas pelos tribunais estaduais em subsequentes impugnações, mas o comportamento dos tribunais varia de país para país.

Importa não esquecer, porém, que a Convenção de Nova Iorque de 1958 tem requisitos exigentes para assegurar o reconhecimento e a exequibilidade de sentenças arbitrais estrangeiras, sendo difícil considerar como susceptíveis de reconhecimento decisões que condenam sucursais ou sociedades subsidiárias que não são partes da convenção de arbitragem ou entidades que não chegaram igualmente a subscrever certa convenção de arbitragem.

Poderá haver chamamento de terceiros a um processo com duas partes iniciais, na situação em que, por exemplo, o empreiteiro demandado pelo dono da obra pretende ter como seu aliado o subempreiteiro[140]? Poderá chamar-se um litisconsorte para se defender conjuntamente com o demandado? E poderá a

---

139 (¹) *Complex Arbitration* cit., págs. 3-4.

140 (¹) Foi a situação apreciada pela *Court of Appeal* inglesa relativamente a uma arbitragem – caso *Abu Dhabi Gas*.

própria lei substantiva impor situações de litisconsórcio necessário ("*consorts nécessaires*")?

Todas estas questões são de difícil solução, devendo entender-se com GAILLARD que o único fundamento da chamada arbitragem multipartes nos termos do Direito francês – como em muitos outros direitos – é a vontade, possivelmente implícita mas, mesmo assim, clara de todas as partes[141].

POUDRET e BESSON tentam resumir esta problemática nos seguintes termos:

> "*Em conclusão, vimos que o litisconsórcio («consorité»), a intervenção e os pedidos para que terceiros participem na arbitragem («appel en cause») pressupõem que todas as partes estejam vinculadas pela mesma convenção de arbitragem ou exprimam o seu consentimento para uma arbitragem conjunta: Tal consentimento pode ser presumido por sujeição à LCIA [London Court of International Arbitration] ou às Regras Suíças. Em nossa opinião, múltiplas partes podem ser partes conjuntamente no mesmo processo [arbitral] se estiverem vinculadas por convenções de arbitragem diferentes mas semelhantes ou, pelo menos, compatíveis, se houver um grau suficiente da conexão. A arbitragem multipartes*

141

[1] Cfr. Poudret e Besson, *Comparative Law* cit., pág. 199.

está totalmente excluída se forem incompatíveis os regulamentos de arbitragem. Isto mostra quão importante é redigir convenções de arbitragem adequadas em relações contratuais complexas em que a arbitragem multipartes é o único modo de evitar sentenças arbitrais contraditórias"[(142)].

Deve notar-se que, na prática internacional, há casos em que o tribunal arbitral permite a intervenção de sociedades pertencentes ao mesmo Grupo, mesmo na ausência de qualquer convenção da arbitragem.

II- No que toca a Portugal, há exemplos práticos em que o demandado veio requerer a intervenção principal de uma outra parte de um contrato, invocando que a solidariedade passiva decorrente do facto de se tratar de um contrato mercantil justificava a intervenção, estando o chamado também vinculado pela mesma convenção de arbitragem. O problema mais difícil que se põe nestes casos é o que sucede ao árbitro nomeado pela parte requerente da intervenção principal, supondo que existem interesses divergentes entre os compartes ou o interveniente não aceita o árbitro designado pela parte com quem vai partilhar a posição processual.

Só casuisticamente se poderão resolver estes casos de intervenção de terceiros em processo arbitral, parecendo

---

[142] [(1)] *Comparative Law* cit., pág. 201.

indispensável que o interveniente esteja vinculado pela mesma convenção de arbitragem com as partes primitivas ou que o tribunal arbitral seja o mesmo (ou, tratando-se de arbitragem institucionalizada, as convenções prevejam a organização da arbitragem pela mesma instituição).

Também a apensação de processos arbitrais autónomos parece pressupor que seja o mesmo tribunal arbitral, com a mesma composição, competente para os dois processos.

Note-se que os tribunais foram chamados a apreciar uma situação de coligação passiva inicial que foi admitida[143].

III- Inovatoriamente, o Regulamento de 2008 da ACL/CCIP regula estas matérias nos arts. 24.º (apensação de processos) e 25.º (intervenção de terceiros).

Vale a pena analisar esta regulamentação:

Art. 24.º

"1. Se for apresentado requerimento de arbitragem respeitante a partes, e só elas, as quais sejam igualmente partes, também só elas,

---

143

[1] Acórdão da Relação de Lisboa de 2004 comentado por António Sampaio Caramelo, *Jurisprudência Comentada* cit., RDES, 2004, 4.º, págs. 327-351.

noutro processo arbitral pendente do Centro de Arbitragem Comercial, poderá qualquer das partes requerer ao Presidente do Centro a apensação de processos.

2. A apensação só pode ser requerida e admitida antes da constituição do tribunal arbitral no processo instaurado em último lugar.

3. O Presidente do Centro ouvirá a parte requerida e os árbitros que já tenham sido designados sobre o requerimento que lhe seja feito e decidirá, devendo recusar a apensação se o estado dos processos ou outra qualquer razão especial a tornar inconveniente.

4. Sendo determinada a apensação, se o tribunal arbitral já se encontrar constituído no primeiro processo, passará a considerar-se tribunal arbitral constituído também para o segundo; se o tribunal arbitral não se encontrar ainda constituído no primeiro processo, será constituído para ambos os processos.

5. É motivo legítimo de escusa de árbitro o alargamento do âmbito da arbitragem por via da apensação, devendo a escusa ser apresentada no prazo de dez dias contados da notificação ao árbitro da mesma apensação."

No que toca à intervenção de terceiros, o art. 25.º, n.º 1, prevê que, antes de se encontrar constituído o tribunal arbitral – embora já haja articulados, nos termos deste Regulamento – se "terceiros vinculados a todas as partes pela mesma convenção de arbitragem ou convenções de arbitragem semelhantes pretenderem intervir, a título principal, no processo, ou se, verificando-se os requisitos de vinculação mencionados, alguma das partes requerer a intervenção principal de terceiros vinculados pela convenção de arbitragem como partes a si associadas, compete ao Presidente do Centro de Arbitragem decidir sobre a admissão de intervenção."

Dispõem os n.os 2, 3 e 4 desta disposição:

"2- A intervenção não pode ser admitida se não se verificarem os requisitos que a lei para ela fixar e o Presidente do Centro deverá ainda recusar a admissão designadamente quando se convença de que o requerimento de intervenção se destina a perturbar ou de que perturba o normal andamento do processo.

3. A intervenção espontânea implica a aceitação da designação de árbitro que tenha sido feita pela parte a que os intervenientes se associem.

4. Tratando-se de intervenção provocada, fica sem efeito a nomeação de árbitro que haja sido feita pela parte que requereu a intervenção, fixando o Presidente do Centro prazo para que a parte que requereu a intervenção e as intervenientes designarem, em conjunto, árbitro; se as partes não chegarem a acordo quanto à designação de árbitro, aplicar-se-á o disposto nos n.os 2 e 3 do artigo 8.º". [144]

---

[144] [1] Estes números do art. 8.º prevêem a possibilidade de o Presidente do Centro considerar sem efeito a nomeação já feita, nomeadamente do

Não é perfeitamente claro a que lei se refere o Regulamento no art. 25.º, n.º 2, admitindo-se que se trate de uma remissão para o regime da intervenção de terceiros no Código de Processo Civil português, se o direito aplicável for o português. Mas o ponto parece de qualquer modo duvidoso.

Tratando-se de arbitragem *ad hoc* a intervenção de terceiros dependerá, em última análise, do regulamento processual aplicável.

IV- O art. 36.º do Projecto da APA regula a intervenção de terceiros em processo arbitral pendente, estabelecendo o n.º 2 deste artigo o carácter supletivo da regulamentação.

árbitro de parte e do terceiro que há-de presidir ao tribunal.

Capítulo VII

A sentença Arbitral

37. **Decisões intercalares, decisões parciais e sentença arbitral final**

I- Há Direitos que prevêem expressamente a possibilidade do tribunal arbitral proferir sentenças <u>parciais</u> ou parcelares.

Por exemplo, o art. 188.º da LDIP suíça dispõe:

"Salvo convenção em contrário, o tribunal arbitral pode proferir sentenças parciais."

Em contraposição, o art. 189.º da mesma LDIP trata da sentença final nos seguintes termos:

"1. A sentença arbitral é proferida no processo e segundo as formas convencionadas pelas partes.

2. Na falta de tal convenção, a sentença é proferida por maioria ou, não havendo maioria, apenas pelo presidente. A sentença é escrita,

*fundamentada, datada e assinada. É suficiente
a assinatura do presidente."*

O art. 819.º do *Códice di Procedura Civile* italiano (versão de 2006) prevê a possibilidade de haver <u>decisões intercalares</u> ou <u>não finais</u> sobre questões processuais e mesmo sobre parte do objecto do litígio:

> *"Os árbitros resolvem, sem autoridade de caso julgado, todas as questões relevantes para a decisão do litígio, ainda que incidam sobre matérias que não podem ser objecto de convenção de arbitragem, salvo se deverem ser decididas com eficácia de caso julgado por força da lei.*
>
> *A pedido de uma parte, as questões prejudiciais são decididas com eficácia de caso julgado se incidirem sobre matérias que possam ser objecto de convenção de arbitragem. Se tais questões não estiverem abrangidas pela convenção de arbitragem, a decisão com eficácia de caso julgado está sujeita a requerimento de todas as partes."*

O art. 820.º, (4), e) do mesmo Código de Processo Civil italiano prevê a possibilidade de prorrogação por 180 dias do prazo da arbitragem, se o tribunal arbitral tiver proferido no processo arbitral uma decisão não definitiva ou uma decisão parcial.

Como referem os Comparatistas POUDRET e BESSON:

"Embora a prolação de uma sentença final seja o resultado normal de uma processo arbitral, o árbitro tem o poder de proferir numerosas decisões durante o decurso da arbitragem, parte das quais tem a natureza de sentença. Tal é particularmente o caso no que toca à questão da sua competência (...) Além deste caso, várias leis aqui consideradas não habilitam explicitamente o árbitro a proferir sentenças diversas da que põe termo à arbitragem. Por isso, o art. 32.º, n.º 1, da Lei-Modelo da UNCITRAL e o §1056.º, 1, da ZPO só mencionaram a sentença «final» que põe termo ao processo"[145].

Seja como for, pode considerar-se pacífico – no silêncio da respectiva Lei de Arbitragem – que os árbitros podem proferir decisões intercalares, a par da sentença final.

Fala-se de <u>decisão intercalar</u> ou <u>interlocutória</u> querendo referir aquela que é proferida na pendência do processo arbitral: algumas dessas decisões são de mero expediente (por ex., nomeação de um secretário; marcação do dia de uma diligência), outras têm importância na medida em que resolvem questões processuais ou de mérito. A decisão intercalar (através de <u>bifurcação</u>) sobre a própria competência, ou a decisão de mandar

---

145 (¹) *Comparative Law* cit., págs. 631-632.

desentranhar certos documentos juntos por uma das partes ou a decisão que conhece parcialmente do pedido (por exemplo, por não haver factos controvertidos) são decisões com relevância processual ou de mérito, que excedem as decisões de puro expediente, normalmente proferidas pelo árbitro presidente, por delegação (às vezes, implícita) do colégio arbitral.

Na Secção 47.ª do *Arbitration Act* inglês de 1996 não se fala em decisão intercalar (*interim award*), como sucedia no direito anterior, mas diz-se que, salvo convenção em contrário das partes, o árbitro pode proferir mais de uma sentença, em momentos de tempo diferentes e sobre aspectos diferentes das questões a decidir, nomeadamente sobre questão que afecte a totalidade do pedido, ou apenas parte dos pedidos ou pedidos reconvencionais submetidos a decisão.

II- A nossa Lei, tal como o Código de Processo Civil francês (art. 1475.º) ou a ZPO, só regula a sentença final, embora preveja a possibilidade de haver uma decisão intercalar sobre a própria competência do tribunal arbitral (art. 21.º, n.º 4, da LAV).

No silêncio da convenção de arbitragem ou dos regulamentos processuais adoptados, é lícito aos árbitros proferir decisões intercalares (por exemplo, apreciar pedidos de concessão de medidas cautelares; apreciar parte dos pedidos do demandante ou dos pedidos reconvencionais, se se dispuser de toda a matéria de facto), as quais podem ser decisões parciais de mérito.[146]

Resta saber como se conta o prazo para interpor o pedido de anulação no caso de sentenças parciais de mérito.

O Regulamento de 2008 da ACL/CCCIP prevê a obrigatoriedade de decisão intercalar para apreciação da excepção de incompetência do tribunal arbitral (art. 27.º), parecendo que admite a possibilidade de decisões parciais de mérito (art. 28.º, n.º 4).

III- O art. 19.º da LAV prevê a existência de prazo para ser proferida a decisão final arbitral.

Vale a pena transcrever esse artigo:

> *"1- Na convenção de arbitragem ou em escrito, até à aceitação do primeiro árbitro, podem as partes fixar o prazo para a decisão do tribunal arbitral ou o modo de estabelecimento desse prazo.*
>
> *2- Será de seis meses a prazo para a decisão, se outra coisa não resultar do acordo das partes, nos termos do número anterior.*

---

[146] (¹) Remete-se para António Sampaio Caramelo, "Decisões Interlocutórias e Parciais no Processo Arbitral. Seu Objecto e Regime", já citado (in *II Congresso do Centro de Arbitragem...*, págs. 173 e segs.). Vejam-se ainda os arts. 18.º, n.º 6, 20.º, n.º 1, 21.º, 22.º, n.º 2 e 24.º da LAV.

3- O prazo a que se referem os n°s 1 e 2 conta-se a partir da data da designação do último árbitro, salvo convenção em contrário.

4- Por acordo escrito das partes, poderá o prazo da decisão ser prorrogado até ao dobro da sua duração inicial.

5- Os árbitros que injustificadamente obstarem a que a decisão seja proferida dentro do prazo fixado respondem pelos danos causados."

O legislador pretendeu não deixar eternizar os processos arbitrais, apontando para a solução do litígio no prazo máximo de doze meses, considerando já uma prorrogação nos termos do n.º 4.

É, porém, duvidosa a bondade desta solução legislativa, que peca por grande rigidez[147].

Relativamente ao disposto nos n°s 2 e 4 deste art. 19.º da LAV, tem prevalecido na jurisprudência do Supremo Tribunal de Justiça o entendimento de que o prazo de caducidade de seis meses para ser proferida a decisão final, nos termos do primeiro daqueles preceitos, pode não só ser prorrogado expressamente, como ainda resultar da atitude processual das partes de aceitação tácita ou implícita de prorrogação. O STJ parece ter sido sensível às críticas de RAÚL VENTURA sobre o art. 19.º[148].

---

[147] [1] Cfr. Luís de Lima Pinheiro, *Arbitragem Transnacional* cit., págs. 148-149.

[148]

[1] Cfr. deste Autor *Convenção de Arbitragem* cit., pág. 149.

O Acórdão do STJ de 17 de Junho de 1998 exprime-se assim:

"Nos termos do artigo 4.º da lei em consideração (LAV), a convenção arbitral caduca em três casos [...]:

- Finalmente, falta de prolação [da decisão] arbitral no prazo de seis meses.

Isto, se outra coisa não resultar do acordo das partes, conforme se estabelece no n.º 2 do citado artigo 19.º. Tal acordo pode ser expresso ou pode resultar implicitamente da atitude processual das partes. Assim, se decorrido tal prazo, elas continuam a praticar actos que pressupõem a continuação da competência do tribunal, é patente o acordo implícito ou tácito (...) É claramente o caso dos autos: é já numa das sessões de audiência de julgamento, depois de, há muito, se ter estabelecido a convicção da inexistência de problemas quanto à capacidade decisória e competência do tribunal, que, inesperadamente, se avança com a questão da caducidade. A atitude parece mais um entrave abusivo ao alcance da esperada decisão de que uma reacção processualmente correcta e admissível, além de injustificada. Afigura-se, assim, violadora dos princípios da boa fé e dos bons costumes, afrontando o disposto no artigo 334.º do Código Civil (abuso do direito)"[149].

---

[149] [1] In *Boletim do Ministério da Justiça*, n.º 478, págs. 286-287; ver ainda os Acórdãos de Relações de Lisboa de 2 de Fevereiro de 1995 e da Relação do Porto, de 8 de Maio do mesmo ano, in *Colectânea de Jurisprudência*, XX, 1995, I, pág. 113 e III, pág. 206, respectivamente.

E num Acórdão do STJ de 6 de Outubro de 2005, inédito, chamou-se a atenção para o disposto no art. 27.º, n.º 2, da LAV, sendo certo que a ultrapassagem do prazo para proferir a sentença arbitral gera a incompetência do próprio tribunal arbitral, e considerou-se que tinha caducado o direito de uma das partes suscitar tal incompetência por, no caso concreto, ter sido estipulada a aplicação subsidiária do Código de Processo Civil quanto ao processo ordinário, razão por que se teria de observar o prazo regra para arguir nulidades, no caso concreto reduzido, por vontade das partes, para metade[150].

Considera-se que tem toda a vantagem prever-se um prazo mas alargado para a realização da arbitragem, nomeadamente estabelecendo-se apenas que o tribunal arbitral terá um prazo certo (60 dias ou 90 dias, por exemplo) para elaborar a sentença final, a partir das últimas alegações das partes.

Como atrás se referiu, a ultrapassagem do prazo para proferir a sentença arbitral acarreta a caducidade do compromisso arbitral ou a ineficácia superveniente da cláusula compromissória (art. 4.º, n.º 1, c), da LAV).

150

[1]Cfr. Armindo Ribeiro Mendes, *Balanço dos 20 Anos de Vigência da Lei n.º 31/86*, ob cit., pág. 44-45.

IV- O Projecto da APA abandona o rigor do art. 19.º da LAV, estabelecendo um prazo-regra de 12 meses para ser proferida a sentença arbitral, mas admite sucessivas prorrogações por acordo das partes (cfr. art. 44.º, n°s 1 e 2).

38. Requisitos de forma e de conteúdo das sentenças arbitrais

I– As formalidades das sentenças arbitrais costumam ser reguladas nas diferentes leis de arbitragem.

É paradigmático o art. 31.º, n.º 1, da Lei-Modelo da CNUDCI/UNCITRAL que impõe a redução a escrito da sentença arbitral e assinatura pelo árbitro ou árbitros, sendo suficientes, nos colégios arbitrais, as assinaturas da maioria dos membros do tribunal arbitral, desde que seja mencionada a razão da omissão das restantes.

O n.º 2 desse art. 32.º estabelece a obrigatoriedade da fundamentação da sentença arbitral, "salvo se as partes convencionarem que não haverá lugar à fundamentação ou se se tratar de uma sentença proferida com base num acordo das partes nos termos do artigo 30" (neste art. 30.º prevê-se o acordo transaccional das partes e a sentença de verificação desse acordo).

Uma das legislações mais liberais, a LDIP suíça, dispõe que a sentença arbitral "é proferida no processo e segundo a forma convencionada pelas partes" (art. 189.º, n.º 1), esclarecendo o n.º 2, já atrás referido, que a sentença é tirada por maioria ou, na falta de maioria, apenas pelo presidente. É escrita, fundamentada, datada e assinada. É suficiente a assinatura do presidente.

II– Deve notar-se que, tratando-se de tribunal arbitral colegial, antes da feitura da sentença arbitral têm de ser objecto de deliberação dos árbitros as soluções das várias questões pendentes. Esta matéria precede logicamente a atinente à sentença arbitral.

O art. 20.º, n.º 1, da LAV regula a deliberação do colégio dos árbitros, impondo que a decisão seja "tomada por maioria de votos, em deliberação em que todos os árbitros devem participar, salvo se as partes, na convenção de arbitragem ou em acordo escrito posterior, celebrado até à aceitação do primeiro árbitro, exigirem uma maioria qualificada" (trata-se de uma excepção de verificação rara na prática, pressupondo colégios de cinco ou mais árbitros, em número impar).

O art. 20.º, n.º 2, da LAV permite que as partes convencionem que, não se tendo formado a maioria necessária, "a decisão seja tomada unicamente pelo presidente ou que a questão se considere decidida no sentido do voto do presidente." Deve notar-se que nem a Lei-Modelo, nem boa parte das modernas leis de arbitragem regulam o modo por que são tomadas as deliberações. O Código de Processo Civil italiano (art. 823.º, 1) só exige, a partir de 2006, que as deliberações sejam tomadas em reunião com presença dos membros do colégio ("*conferenza personale*"), se um dos árbitros o requerer. Note-se que, em algumas regulamentações, o presidente tem voto de desempate ou então que, em caso de impossibilidade de formação de maioria, só se atende à posição do presidente.

O n.º 3 do art. 20.º da LAV contém uma regra muito curiosa e que não aparece por norma noutros direitos:

> *"No caso de não se formar a maioria necessária apenas por divergências quanto ao montante de condenação em dinheiro, a questão considera-se decidida no sentido do voto do presidente, salvo diferente convenção das partes."*

Trata-se de uma excepção ao princípio jurisprudencial de que, nos tribunais colectivos, deve haver maioria quanto à fundamentação, e maioria quanto à própria decisão. Neste caso, se cada um dos árbitros tender a fixar, por exemplo, uma indemnização em montantes diferentes, havendo, porventura, unanimidade quanto à responsabilidade do condenado, vale como decisão o montante considerado no voto do presidente.

III– O art. 23.º, n.º 1, da LAV é bastante detalhado no que toca à decisão final do tribunal arbitral. Impõe a sua redução a escrito e determina que da mesma constarão os seguintes elementos:

-        identificação das partes;

-        referência à convenção da arbitragem;

-        o objecto do litígio;

-        a identificação dos árbitros;

-        o lugar da arbitragem e o local e a data em que a decisão foi proferida;

-        a assinatura dos árbitros;

-        a indicação dos árbitros que não puderem ou não quiserem assinar.

O n.º 3 do art. 23.º impõe que a decisão arbitral seja fundamentada. A jurisprudência tende a ser menos exigente no que toca à fundamentação do que acontece em relação às sentenças dos tribunais judiciais. Segundo o Acórdão do STJ de 15 de Maio de 2007[151], a lei não estabelece qualquer sanção para a falta de fundamentação da matéria de facto nas decisões arbitrais, razão por que, embora considerando desejável tal fundamentação, acaba por concluir que não se poderá transpor a regulamentação

---

151 (1) Proc. n.º 07A924, in www.dgsi.pt/jstj.

do processo civil para o processo arbitral, cuja tramitação pode afastar-se significativamente do modelo de processo declarativo comum. Já, porém, a Relação do Porto anulou em 2003 uma sentença arbitral por esta não ter feito o exame crítico das provas, sem procurar destrinçar, de forma criticável, as especificidades do processo arbitral, nomeadamente a circunstância de os árbitros poderem não ser juristas[152]

O n.º 2 do art. 23.º estabelece que a decisão arbitral deve conter um número de assinaturas pelo menos igual ao da maioria dos árbitros "e incluirá os votos de vencido, devidamente identificados".

Em termos de Direito Comparado, apenas a LAV e a recente Lei espanhola de Arbitragem de 2003 (art. 37.º, n.º 3) prevêem a possibilidade de haver votos de vencido (em Espanha, "pareceres discrepantes"). A lei de arbitragem brasileira prevê a faculdade de os árbitros juntarem à sentença votos divergentes (art. 24.º, §2.º, da Lei n.º 9307, de 23 de Setembro de 1996).

Como referem POUDRET e BESSON, a questão dos votos de vencido suscitou controvérsia no seio dos redactores da Lei-Modelo da CNUDCI/UNCITRAL, tendo acabado por prevalecer a opinião de que nada deveria ser dito a este propósito. Em Inglaterra, face ao silêncio da lei, a possibilidade de juntar à sentença as *dissenting opinions* dos árbitros vencidos deve ser objecto de autorização pela maioria dos árbitros, segundo a

---

152 (1) Acórdão de 11 de Novembro de 2003, Proc. 36535, in www.dgsi.pt/jtrp.

jurisprudência[153].

O n.º 4 do art. 23.º dispõe que da decisão final constará a fixação e repartição pelas partes dos encargos resultantes do processo.

39. A questão da lei aplicável ao mérito ou fundo do litígio

I-A questão da lei aplicável ao mérito ou fundo do litígio é um dos problemas fundamentais do Direito da Arbitragem Internacional. Já no que toca à arbitragem interna, a questão não se reveste de tanta importância, embora não esteja excluído que se possa pôr aí.

Pode dizer-se que, durante mais de quarenta anos, surgiu abundante literatura sobre esta matéria, sobretudo quando se discutia se era possível os árbitros aplicarem a chamada *lex mercatoria*, em detrimento de um certo Direito nacional.

A verdade é que tal literatura acaba por ser desproporcionada, no dizer de POUDRET e BESSON, atendendo a que, por um lado, a maior parte das arbitragens internacionais baseia-se em estipulações de direito aplicável ao mérito do litígio

---

153

[1] Cfr. daqueles autores, *Comparative Law* cit., pág. 673-679. No sentido mais correcto,
veja-se o Acórdão da Relação de Lisboa de 2 de Julho de 2009, Proc. n.º 826/09-0YRLSB-2.

(*professio juris*) que vinculam as partes e os árbitros e, por isso, são raras as decisões em que seja exclusivamente aplicada a *lex mercatoria*.

A *lex mercatoria* é um conjunto de soluções com origem doutrinal que se desenvolvem nas fronteiras dos direitos estaduais, tendo, pois, uma natureza <u>não nacional</u> ou <u>anacional</u>, a qual pretende ser um direito comum ao comércio ao nível mundial, tendo assim a característica da transnacionalidade. Repete-se, em todo o caso, que se trata de um conjunto de soluções normativas expostas por juristas, sobretudo nos anos sessenta, de que se destacam os nomes de CLIVE SCHMITTHOF e BERTHOLD GOLDMAN e, depois, FOUCHARD e LALIVE. Está, porém, longe de ser aceite universalmente tal *lex mercatoria* ou *law merchant*. As suas fontes incluem contratos internacionais, usos comerciais, a prática arbitral revelada em certas sentenças[154].

Mais recentemente, EMMANUEL GAILLARD tem sustentado que a *lex mercatoria* não é mais do que um método destinado a identificar, na ausência da escolha de um direito aplicável pelas partes, normas que têm um âmbito transnacional e a dar-lhes precedência sobre as particularidades de certo direito nacional.

A verdade é que a Lei-Modelo da CNUDCI/UNCITRAL estatui no art. 28, n.º 1 que

---

[154] (¹) Cfr. Dário Moura Vicente, *Da Arbitragem Comercial Internacional* cit., págs. 134 e segs.; Luís Lima Pinheiro, *Arbitragem Transnacional* cit., págs. 378 e segs..

"O tribunal arbitral decide o litígio de acordo com as regras de direito escolhidas pelas partes para serem aplicadas ao fundo da causa. Qualquer designação da lei ou do sistema jurídico de um determinado Estado será considerada, salvo indicação expressa em contrário, como designando directamente as regras jurídicas materiais deste Estado e não as suas regras de conflitos."

Sobre esta solução, importa chamar a atenção para o seguinte:

"No art. 28 da Lei-Modelo da UNCITRAL e nas leis que se inspiraram nele, o papel desempenhado pelas regras de direito – que nem sempre são designadas como «regras de direito (...) – não é o mesmo. Só as partes podem remeter para elas e, se o não o fizerem, os árbitros têm de aplicar um direito. Os trabalhos preparatórios da Lei-Modelo da UNCITRAL mostram que o art. 28.º foi modificado várias vezes durante as negociações e que, muito embora os redactores não estivessem de acordo entre eles em relação à aplicação de regras anacionais, o texto adoptado a final, que fala de regras de direito, foi suficientemente amplo para autorizar a aplicação de tais regras anacionais (...)"[155]

---

155 (1) Poudret e Besson, *Comparative Law*, págs. 604-605.

II-Na LAV portuguesa, distingue-se a arbitragem de direito comum ou puramente interna da arbitragem internacional.[156]

No que toca à arbitragem interna, o art. 22.º da LAV estatui que os "árbitros julgam segundo o direito constituído, a menos que as partes, na convenção de arbitragem ou em documento subscrito até à aceitação do primeiro árbitro, os autorizem a julgar segundo a equidade".

Já no que respeita à arbitragem internacional, o art. 33.º, n.º 1, da LAV estabelece que as "partes podem escolher o direito a aplicar pelos árbitros, se os não tiverem autorizado a julgar segundo a equidade". Na falta de escolha, o n.º 2 do art. 33.º manda que o tribunal arbitral aplique o direito mais apropriado ao litígio.

À frente, a propósito de arbitragem internacional, veremos qual o âmbito de *professio juris*, ou seja, da escolha pelas partes do direito aplicável.

É curioso notar que o antecedente deste art. 33.º, n.º 1, da LAV era o art. 22.º, n.º 2, da Proposta de Lei n.º 34/VI, relativamente ao qual se pode ler na respectiva Exposição de Motivos:

156

[1]A qual, recorda-se, é a que "põe em jogo interesses do comércio internacional" – art. 32.º.

"Este preceito [o n.º 2 do art. 22.º, correspondente ao art. 33.º n.º 1, da LAV, como se disse] não se limita a uma reafirmação pura e simples do princípio consagrado no artigo 41.º do Código Civil, uma vez que a arbitragem em matéria cível ou comercial não versa necessariamente sobre obrigações voluntárias, e é ao domínio destas que se reporta a referida norma de conflitos que reconhece o princípio da autonomia da vontade em direito internacional privado.

Mais afigurou-se que, versando a arbitragem voluntária sobre direitos disponíveis, se aconselhava estender – de acordo com a orientação que aflora em muitas legislações mais modernas – o referido princípio de autonomia para além do seu âmbito de aplicação tradicional.

A fórmula adoptada não parece todavia abarcar a possibilidade de as partes submeterem o litígio a regras que não sejam as de um dado sistema jurídico (ou de vários sistemas jurídicos).

Na querela que hoje tão vivamente divide as legislações, as jurisprudências e os autores quanto à possibilidade de subtrair a resolução do litígio internacional à aplicação de qualquer lei estadual, confiando esta resolução à lex mercatoria ou a princípios ou regras escolhidas ad hoc, entendeu-se não dever admitir-se tal possibilidade.

Sem entrar na discussão dos méritos e deméritos das soluções que foram evocadas, ponderou-se que elas têm sido defendidas para o domínio do comércio internacional, em sentido técnico, quando não, mais restritamente, para o domínio das relações entre comerciantes: deve ter-se presente que a regulamentação proposta, como adiante se sublinhará, cobre um campo de aplicação mais vasto do que o que ficou referido."[157]

Vale a pena chamar a atenção para o que a Prof.ª ISABEL MAGALHÃES COLLAÇO sustentava, face ao art. 33.º, n.º 1, da LAV que não estava excluída por este preceito a aplicação pelos árbitros de preceitos não estaduais, como a *lex mercatoria:*

A proposta de lei apresentada pelo Governo não se confunde com a lei aprovada pelo parlamento: a lei não tem exposição de motivos.

O Parlamento quis de resto sublinhar a autonomia da arbitragem internacional, em relação à arbitragem de direito comum: neste sentido, modificou a proposta que lhe foi submetida, reservando um capítulo autónomo à arbitragem internacional. A especificidade do regime dos recursos e a possibilidade de resolução do litígio pelos árbitros enquanto amigáveis compositores foram aditadas pelo Parlamento ao regime especial previsto para a arbitragem internacional na proposta de lei.

É seguro que o legislador português de 1986 foi

---

[157] (1) N.º 7.

previdente. Talvez timorato, - ao utilizar a expressão «direito» e não «normas jurídicas» («régles de droit») para designar o objecto da escolha das partes. Mas, ao fazê-lo, mesmo assim afastou a fórmula clássica que o Código Civil utiliza para designar o objecto da professio juris: a lei.

Tudo ponderado, não excluímos uma interpretação objectiva do art. 33.º, n.º 1 da lei sobre arbitragem, susceptível de acolher as soluções mais liberais consagradas nesta matéria em certas legislações nacionais e em textos internacionais recentes. Nestas condições, inclinamo-nos a admitir que a escolha do direito aplicável possa recair sobre a lex mercatoria, na medida em que esta contenha normas jurídicas.

Esta tomada de posição não acarreta o reconhecimento, desde já, da lex mercatoria como uma ordem jurídica autónoma"[158]

40. Arbitragem de direito estrito e segundo a equidade (*ex aequo et bono*). Referência à composição amigável (*amiables compositeurs*)

I- Já atrás referimos o teor do art. 22.º da LAV, o qual distingue a arbitragem de direito estrito da arbitragem que aplica a equidade. Tal contraposição vale não só para a arbitragem de direito comum ou puramente interna, como também para a

---

[158] (1) *L'Arbitrage International* cit., pág. 63.

arbitragem internacional a que seja aplicável a LAV portuguesa, nos termos do art. 37.º desta Lei. Basta ver o n.º 1 do art. 33.º atrás citado.

A verdade é que o art. 35.º da LAV, que surge no Capítulo VII dedicado à arbitragem internacional, refere a composição amigável, em termos que suscitam dúvidas interpretativas.

Dispõe este art. 35.º da LAV, com a epígrafe "Composição amigável":

"Se as partes lhe tiverem confiado essa função, o tribunal pode decidir o litígio por apelo à composição das partes na base do equilíbrio dos interesses em jogo."

Este último preceito não constava da Proposta de Lei do Governo, que foi elaborada a partir de um projecto da Prof.ª MAGALHÃES COLLAÇO, tendo sido introduzido durante a discussão parlamentar.

Na Exposição de motivos da Proposta de Lei n.º 34/IV – que veio a dar origem à Lei n.º 31/86, de 29 de Agosto, LAV – dava-se a seguinte explicação para o art. 22.º da Proposta:

Segundo o princípio geral estabelecido no n.º 1 do artigo 22.º, [da Proposta de Lei] que

*reproduz a solução tradicionalmente acolhida
entre nós, os árbitros julgam segundo o direito
constituído, a menos que as partes os autorizem
a julgar segundo a equidade.*

*O n.º 2 do mesmo artigo [que passou a figurar
na LAV como art. 33.º] vem no entanto
determinar que, tratando-se de arbitragem
internacional, podem as partes, quando não
tenham autorizado os árbitros a julgar segundo
a equidade, escolher o direito a aplicar pelo
Tribunal"*[159]

Não deixa de ser estranho que, a par da aplicação de normas legais, o nosso legislador admita a solução através de <u>composição amigável</u>.

De facto, na doutrina e legislação francesa a solução *selon l'equité* é também designada como *amiable composition*[160].

O art. 1474.º do Código de Processo Civil vigente em França tem o seguinte teor:

*"O árbitro resolve o litígio em conformidade
com as <u>règles de droit</u> [normas jurídicas], a
menos que, na convenção de arbitragem, as
partes lhe tenham confiado a missão de decidir*

---

159 [1] N.º 7.

160

[1] Cf. René David, *L'Arbitrage* cit., pág. 458.

como *amiable compositeur"*

O art. 28.º, n.º 3, da Lei-Modelo da CNUDCI/UNCITRAL estabelece a equiparação entre equidade e composição amigável:

> *"O tribunal arbitral decidirá ex aequo et bono ou na qualidade de amiable compositeur apenas quando as partes a isso expressamente o autorizarem."*

Aliás, já na Convenção de Genebra de 1961, a versão francesa do art. 7.º, n.º 2, falava de *amiables compositeurs*, ao passo que a versão alemã da Convenção referia a decisão segundo a equidade (*Billigkeit*).

A verdade é que a LAV portuguesa não trata das duas realidades em sinonímia.

A Prof.ª MAGALHÃES COLLAÇO, na conferência atrás citada, considerava não ser fácil a definição da fronteira entre os dois institutos, nem a extracção das particularidades de regime próprio de um e outro, abstendo-se de tentar resolver o problema.

O Prof. LIMA PINHEIRO procura distinguir os dois institutos. Para este autor, o julgamento de equidade previsto no art. 4.º, alíneas b) e c), do Código Civil, quanto aos tribunais estaduais, e os arts. 22.º, n.º 1, e 33.º, n.º 1, da LAV pressupõem o entendimento da <u>equidade em sentido forte</u>:

"Segundo esta acepção «forte», não se trata apenas de corrigir injustiças ocasionadas pela natureza rígida das regras jurídicas abstractas, mas de uma decisão que, por ser baseada na dita justiça do caso concreto, não se encontra vinculada ao Direito estrito (...)"[161]

Importa, porém, referir que os árbitros têm de "respeitar as disposições do Contrato, os princípios e valores fundamentais dos sistemas que apresentam uma ligação especialmente significativa com a arbitragem e, mais em geral, a ordem pública transnacional"[162].

Já no que toca à composição amigável referenciada no art.

---

[161] (¹) *Arbitragem Transnacional* cit., pág. 159; em sentido diverso, o Prof. Menezes Cordeiro sustenta que a decisão segundo a equidade tem de respeitar o "sentido do Direito Positivo" , não podendo encarar-se a extrassistematicidade material de toda a decisão de equidade que verse áreas já tratadas pelo Direito – cfr. "A Decisão Segunda a Equidade", in *O Direito*, ano 122.º, 1984, págs. 261-280. O sentido fraco pressupõe, pois, que os árbitros tenham como ponto de partida as normas jurídicas aplicáveis, embora possam corrigir as injustiças decorrentes do carácter rígido das normas gerais e abstractas, face às particularidades do caso concreto. Já o Prof. Oliveira Ascensão sustenta que se deve preferir o sentido forte, na linha da solução aristotélica (Cfr. *O Direito: Introdução e Teoria Geral*, 13.º ed., Coimbra Almedina, 2005, págs. 245-249).

[162]

(¹) Luís de Lima Pinheiro, *Arbitragem Transnacional*, págs. 162-163.

35.º da LAV, LUÍS DE LIMA PINHEIRO procura dar sentido útil à dicotomia acolhida nesta Lei (cfr. art. 33.º, n.º 1), considerando ser possível às partes estipular "vias intermédias para obtenção de solução (...), designadamente decisões segundo a equidade em acepção «fraca» ou qualificadas pela vinculação a critérios de decisão de qualquer natureza"[163]. No mesmo sentido, POUDRET e BESSON sustentam que a decisão *ex aequo et bono* confere aos árbitros poderes mais vastos do que a *amiable composition*, na medida em que naquela estão desligados de quaisquer normas, incluindo normas imperativas[164].

II- O Projecto da APA regula no seu art. 39.º a aplicação do direito ao litígio ou da equidade, admitindo, em número autónomo, que, se as partes lhe tiverem confiado essa função, o tribunal arbitral pode decidir o litígio por apelo *"à composição das partes na base do equilíbrio dos interesses em jogo"*. Em matéria de arbitragem internacional, art. 55.º, sob a epígrafe *"Composição amigável"*, remete para o n.º 2 do art. 39.º. Mantém-se assim, a distinção entre decisão segundo a equidade e composição amigável.

---

[163] (¹) *Arbitragem Transnacional* cit., pág. 166; as partes podem, por exemplo, ordenar que se decida segundo a equidade, mas respeitando certas regras jurídico-positivas, usos do comércio internacional ou modelos de regulação como os princípios UNIDROIT.

[164]

(¹) *Comparative Law* cit., pág. 618.

III- Se as partes estipularem a resolução do litígio segundo a equidade, autorizando o juiz a decidir os pedidos de harmonia com a mesma equidade, só podem fazê-lo na convenção de arbitragem ou em documento subscrito até à aceitação do primeiro árbitro. A Lei-Modelo não estabelece um momento temporal para tal autorização dos árbitros.

Na arbitragem de direito comum ou puramente interna (isto é, não internacional nos termos do art. 32.º da LAV), a autorização das partes aos árbitros para julgarem segundo a equidade implica a renúncia aos recursos[165].

IV- Importa referir que há casos, em direito administrativo, em que a lei impõe a solução segundo a equidade, se as partes decidirem recorrer à arbitragem.

Era tradicional, no <u>Regime Jurídico das Empreitadas de Obras Públicas</u>, impor a arbitragem de equidade. No último <u>Regime</u>, aprovado pelo Decreto-Lei n.º 59/99, de 2 de Março – diploma revogado pelo Código dos Contratos Públicos, aprovado pelo Decreto-Lei n.º 18/2008, de 29 de Janeiro e entrado em vigor em 29 de Julho deste ano – o art. 258.º estabelecia que, se as partes optarem por submeter o diferendo a tribunal arbitral, este "será constituído e funcionará nos termos da lei, entendendo-se, porém,

---

[165] (1) Art. 29.º, n.º 2, da LAV; deve entender-se que o legislador se quis referir aos *recursos ordinários* considerados no n.º 1 do art. 29.º.

265

que os árbitros julgarão sempre segundo a equidade" (n.º 2).

O Código de Contratos Públicos não regula o contencioso destes contratos, aplicando-se de pleno o regime de arbitragem constante do Código de Processo nos Tribunais Administrativos e deixando de haver necessariamente arbitragem de equidade *ex lege* (cfr. arts. 181.º, n.º 1, e 186.º, n.º 2, deste último diploma).

41. Litispendência e caso julgado na arbitragem

I–Uma vez proferida a sentença arbitral, deve o árbitro único ou o presidente do tribunal arbitral ordenar ao secretário, se tiver sido nomeado, ou proceder ele próprio à notificação de cada uma das partes, mediante a remessa de um exemplar dela, por carta registada (art. 24.º, n.º 1).

Tratando-se de arbitragem *ad hoc*, a LAV impõe o depósito do original na secretaria do tribunal judicial do lugar da arbitragem, salvo se as partes, na convenção de arbitragem ou em escrito posterior, tiverem dispensado tal depósito ou, tratando-se de arbitragem institucionalizada, o respectivo regulamento preveja outra modalidade de depósito (art. 24.º, n.º 2).

Havendo depósito, o presidente do tribunal arbitral notificará as partes do depósito da decisão (art. 25.º, n.º 3, da LAV).

II–A LAV não prevê, diferentemente do que sucede, por

exemplo, na Lei-Modelo da CNUDCI/UNCITRAL (art. 33.º) uma fase subsequente à sentença em que possam ser apresentados requerimentos das partes a pedir esclarecimentos sobre a decisão ou rectificações de incorrecções (erro de cálculo, erro material, erro dactilográfico ou equiparado).

O art. 25.º da LAV estatui que o poder jurisdicional dos árbitros "finda com a notificação do depósito da decisão que põe termo ao litígio ou, quando tal depósito seja dispensado, com a notificação da decisão às partes".

Parece, todavia, impor-se como racional a possibilidade de os árbitros rectificarem erros materiais ou esclarecer ambiguidades da própria sentença. A requerimento das partes ou, tratando-se de rectificações, até oficiosamente. Afigura-se, porém, que não é possível aos árbitros suprir nulidades da sentença, se dela não couber recurso, visto que não pode estabelecer-se um completo paralelismo com o disposto nos arts. 666.º a 670.º do Código de Processo Civil, dado o que dispõe o art. 25.º da LAV[166]. Quando muito, poderá o Tribunal Arbitral suprir a nulidade de omissão de pronúncia (falta de consideração de um pedido de juros, por exemplo), através de uma sentença adicional.

Em termos de Direito Comparado, o art. 1475.º do Código de Processo Civil francês atribui aos árbitros o poder de interpretar a sentença, rectificar erros e omissões materiais e mesmo completar

---

[166] [1] Em sentido diverso, Luís de Lima Pinheiro, *Arbitragem Transnacional* cit., págs. 153-154, admitindo o suprimento de nulidade por omissão de pronúncia, e referindo a opinião de Dário Moura Vicente.

a sentença se tiver omitido decidir sobre um dos pedidos formulados.[167]

Remete-se para POUDRET e BESSON, *Comparative Law*, págs. 684-698 sobre dados de Direito Comparado.

III–O Projecto da APA prevê não só a possibilidade de o tribunal arbitral rectificar ou esclarecer a sentença, como também a de proferir uma sentença adicional, quando o tribunal deixe de conhecer de pedidos formulados pelas partes (art. 45.º).

Iç–Já vimos atrás que pode pender simultaneamente uma acção com certos sujeitos e certo objecto (pedido e causa de pedir) perante um tribunal estadual e uma acção arbitral com os mesmos sujeitos e objecto.

Não é possível, porém, ver aí uma situação de litispendência, no sentido em que a expressão é usada no art. 497.º do Código de Processo Civil, visto tratar-se de jurisdições de natureza diversa (cfr. n.º 3 deste artigo). Já referimos atrás, a propósito da competência/competência dos árbitros, os problemas complexos que podem surgir de tal pendência simultânea: poder-se-á entender que estamos perante vias paralelas, sem recíproca

---

167

[1] Esta regra não tem paralelo na regulação da arbitragem internacional neste diploma.

influência[168] ou que existe uma prioridade da decisão arbitral[169].

Não importa, porém, voltar ao que atrás se deixou exposto.

ç– Deve notar-se que, na doutrina estrangeira, aparece, por vezes, a referência a litispendência no sentido romano (*litis pendens*), quando se procura responder à questão sobre qual o momento a partir do qual o processo arbitral produz efeitos, nomeadamente quanto ao demandado.

Por exemplo, o art. 181.º, n.º 1, da LDIP suíça estatui que "a instância arbitral está pendente a partir do momento em que uma das partes se dirige ao árbitro ou árbitros designados na convenção de arbitragem ou, na falta de tal designação, a partir do momento em que uma das partes inicia o processo de constituição do tribunal arbitral". Esta solução é importante para efeitos de interrupção de prescrição (remete-se para a análise atrás feita sobre o art. 324.º do Código Civil). Já atrás transcrevemos o art. 372.º do novo Código de Processo Civil suíço sobre a mesma matéria.

168

[¹] Era a solução maioritária na doutrina e jurisprudência italianas, antes das alterações de 1994 e de 2006 do Código de Processo Civil em matéria de arbitragens.

169

[¹] Solução francesa prevista no art. 1458.º do respectivo Código de Processo Civil e que Sampaio Caramelo considera também decorrer do art. 21.º da LAV, sendo, porém, controvertido que assim seja.

çI– As sentenças arbitrais definitivas fazem caso julgado.

Dispõe o art. 26.º da LAV:

> *"1- A decisão arbitral, notificada às partes e, se for caso disso, depositada no tribunal judicial nos termos do artigo 24.º, considera-se transitada em julgado logo que não seja susceptível de recurso ordinário.*
>
> *2- A decisão arbitral tem a mesma força executiva que a sentença do tribunal judicial de 1.ª instância."*

É tradicional no nosso direito, pelo menos desde o Código de Processo Civil de 1939, a solução legal de dispensar qualquer controlo pelo tribunal judicial das sentenças arbitrais, não havendo qualquer acto de <u>homologação</u> ou de concessão de exequibilidade (aposição de fórmula executória, *exequatur*).

Diferentemente se passam as coisas noutros direitos europeus: em França, por exemplo, a sentença arbitral, depois de proferida, faz caso julgado, mas não é exequível enquanto não for proferida uma decisão de *exequatur* pelo *tribunal de grande instance (juge d'éxécution)*. É o que dispõe o art. 1477.º do CPC francês; também no direito italiano, se prevê um decreto judicial a conferir exequibilidade, após o depósito da sentença (laudo) arbitral (art. 825.º do CPC). O direito alemão prevê também uma decisão estadual de *exequatur* (§1064.º da ZPO).

Quando se fala em força de caso julgado, estamos a pensar na decisão final de mérito proferida pelo tribunal arbitral (arts. 26.º da LAV e 671.º do CPC). De facto, uma vez proferida a decisão arbitral não sujeita a recurso, a mesma transita em julgado, ficando a decisão sobre a relação material controvertida a ter força obrigatória dentro do processo e fora do processo entre as mesmas partes (caso julgado material).[170]

Se tiver sido proferida uma decisão interlocutória parcial sobre o mérito, a mesma transita em julgado nos mesmos termos. Pode igualmente ser objecto de acção de anulação, nos termos do art. 27.º da LAV.

Já as decisões de natureza processual proferidas pelos árbitros no processo são obrigatórias dentro do processo se, pela sua natureza, não forem susceptíveis de alteração. As decisões respeitantes a medidas cautelares são insusceptíveis de execução no nosso Direito, apesar de haver alguma jurisprudência sobre arresto que deixa dúvidas sobre esta afirmação. O ponto é controvertido mesmo quanto à possibilidade de os tribunais arbitrais decretarem medidas provisórias. No direito italiano, a

---

[170] (¹) Note-se que a questão de saber se uma decisão arbitral tem força de caso julgado material, impedindo outro tribunal arbitral de conhecer no futuro de idêntico litígio é discutida, sendo frequentes as decisões contraditórias das jurisdições nacionais, na fase de reconhecimento e execução de sentença arbitral estrangeira. Ver o caso Hilmarton e as vicissitudes entre 1988 e 1997, envolvendo os tribunais suíços, ingleses e franceses – cfr. Lew / Misteles Kröll, *ob cit.*, págs. 718-719.

solução é a de que as decisões de ordem processual podem ser livremente revogadas pelos árbitros, a menos que constem de sentença intercalar (art. 816-bis, 3.º inciso).

A decisão sobre competência proferida pelo tribunal arbitral transita em julgado, fazendo caso julgado formal. Pode ser impugnada apenas a final, se não puser termo ao processo.[171]

Veremos a seguir, a propósito, dos meios de impugnação, que só as sentenças arbitrais de mérito são, em regra, impugnáveis, tal como a decisão intercalar sobre a competência dos árbitros.

42. Meios de impugnação das sentenças arbitrais: acção de anulação e recursos

I– De uma forma sugestiva, REDFERN / HUNTER / BLACKABY / PARTASIDES começam por referir, a propósito da problemática das impugnações de sentenças arbitrais, que ninguém gosta de perder, não sendo, por isso, "surpresa para ninguém que, quando um cliente não está conformado com uma sentença arbitral, a sua primeira acção seja a de perguntar: «Como posso recorrer?»". Como na maioria das vezes em que se faz uma pergunta a um advogado,

---

171 [1]Sobre esta matéria remete-se para Fouchard / Gaillard / Goldman, *On Arbitration* cit., págs. 735-740 e Poudret e Besson, *Comparative Law* cit., págs. 637-639.

a resposta é «Depende»"[172].

Ora, a verdade é que, em termos de Direito Comparado, as diferentes leis de arbitragem prevêem uma ou, eventualmente, duas formas de impugnação perante tribunais estaduais de decisões arbitrais (não falando da oposição ao reconhecimento de sentenças arbitrais estrangeiras e da oposição à própria execução) não sendo de modo geral sustentado, no plano doutrinal, que não deverá haver qualquer forma de impugnação, ficando tal controlo reduzido apenas à fase de reconhecimento e/ou execução das decisões arbitrais[173].

Desde logo, é possível estar previsto, na arbitragem *ad hoc* ou, mais frequentemente, em certas arbitragens institucionalizadas (em questões marítimas ou de mercadorias), uma instância de recurso arbitral. Por outro lado, nas arbitragens internacionais, tudo depende da lei de arbitragem do lugar onde a mesma teve sede ou decorreu. Nas arbitragens internas, a impugnação é sempre garantida.

Por regra, a existência de uma forma de impugnação é insusceptível de renúncia pelas partes.

Um caso excepcional ocorre na regulamentação suíça das arbitragens internacionais:

Segundo o art. 192.º da LDIP suíça:

172

[1] *Teoria y Prática* cit., pág. 559.

173 [1] A opinião em contrário de Fouchard ficou isolada.

"1. Se as duas partes não tiverem domicílio, nem residência habitual, nem estabelecimento na Suíça, podem, através de declaração expressa na convenção de arbitragem ou num acordo escrito posterior, excluir qualquer recurso contra as sentenças do tribunal arbitral; podem também excluir apenas o recurso relativamente a um ou outro dos fundamentos enumerados no artigo 190.º, n.º 2.

2. Quando as partes tiverem excluído qualquer recurso contra as sentenças e estas devam ser executadas na Suíça, aplica-se por analogia a Convenção de Nova Iorque de 10 de Junho de 1958 para o reconhecimento e execução de sentenças arbitrais estrangeiras."[174]

II– Com escreve LUÍS DE LIMA PINHEIRO, há diferenças entre as soluções monistas e dualistas de impugnação das sentenças em Direito Comparado:

---

[174] (¹) Deve notar-se que os fundamentos do recurso enumerados de forma taxativa no n.º 2 do art. 190.º da LDIP são cinco: a) quando o árbitro único foi irregularmente designado ou o tribunal arbitral irregularmente constituído; b) quando o tribunal se declarou indevidamente competente ou incompetente; c) quando o tribunal arbitral decidiu para além dos pedidos que lhe foram formulados ou quando se absteve de se pronunciar sobre um dos pedidos; d) quando a igualdade das partes ou o seu direito de ser ouvidas em processo contraditório não foi respeitado; e) quando a sentença for incompatível com a ordem pública.

> *"Na Lei-Modelo da CNUDCI (art. 34.º) e na maioria dos sistemas consultados a decisão arbitral pode ser impugnada apenas por via de <u>acção de anulação</u> (...). O mesmo se diga em relação ao Acordo sobre a Arbitragem Comercial Internacional do Mercosul (1998) (art. 20.º).*
>
> *Os Direitos francês, português e inglês afastam-se, porém, deste modelo de impugnação da decisão arbitral"* [175]

Quando só é admitida <u>a acção de anulação</u> – ainda que, em certos direitos, se qualifique a mesma como "recurso" – tal significa que o controlo se restringe a aspectos processuais, não havendo qualquer controlo sobre o bem fundado da decisão de mérito (podemos aproximar esta solução da prevista no art. 668.º, n.º 1, do Código de Processo Civil português quanto às decisões dos tribunais judiciais).

Quando se admite, a par desta acção de anulação, um verdadeiro <u>recurso da decisão de mérito</u>, tal significa que os tribunais estaduais poderão controlar se a decisão recorrida observou as regras de direito substantivo aplicáveis e se a solução aí acolhida se conformou com o direito em causa, partindo de uma correcta interpretação dessas normas. Estamos, pois, no plano de um controlo por um tribunal estadual da correcção de decisão de mérito ou fundo.

O Direito de Arbitragem francês constitui um exemplo claro

---

[175] [1] *Arbitragem Transnacional* cit., pág. 166.

de solução dualista e merece ser analisado brevemente.

No que toca à arbitragem de direito comum (arbitragem interna que não incide sobre questões que ponham em causa interesses do comércio internacional – cfr. art. 1492.º do CPC francês), os meios de recurso estão regulados nos arts. 1481.º a 1491.º.

Segundo o art. 1482.º, " a sentença arbitral é susceptível de apelação (*appel*), salvo se as partes tiverem renunciado ao recurso na convenção de arbitragem. Porém, não é susceptível de apelação quando o árbitro tiver recebido a missão de julgar como *amiable compositeur*, salvo se as partes tiverem expressamente feito reserva dessa faculdade na convenção de arbitragem."

O art. 1483.º, por seu turno, estabelece que, quando haja apelação, este meio é o único meio de impugnação, quer o recurso vise a reforma da sentença, quer a sua anulação. Nos casos excepcionais em que há recurso de sentenças proferidas segundo a equidade (*amiable compositeur*), o juiz estadual de apelação decide também segundo a equidade (*comme amiable compositeur*).

O art. 1484.º prevê que, no caso em que tenha havido renúncia aos recursos ou em que as partes não tenham feito reserva quanto à faculdade de recorrer tratando-se de decisão proferida por árbitros *comme amiables compositeurs*, mesmo assim existe a possibilidade de a parte afectada interpor um recurso de anulação do acto qualificado como sentença, independentemente de qualquer estipulação em contrário. Os fundamentos deste recurso de anulação irrenunciável são taxativos e são os seguintes: 1.º - se o árbitro tiver decidido sem convenção de arbitragem ou com base numa convenção de arbitragem nula ou caduca; 2.º - se o tribunal arbitral tiver sido irregularmente constituído ou o árbitro único irregularmente designado; 3.º - se o árbitro tiver decidido sem observância da missão que lhe foi confiada; 4.º - quando não tiver sido respeitado o princípio do contraditório; 5.º - Em todos os casos de nulidade previstos no art. 1480.º (falta de fundamentação da sentença; falta de identificação dos árbitros e de indicação da data da sentença; falta de assinatura de todos os árbitros ou da maioria deles, quando a minoria se recuse a assinar e tal recusa seja mencionada na sentença); 6.º - se o árbitro violar uma norma de ordem pública.

Deve notar-se que, quando seja interposto um recurso para anular a sentença e o mesmo proceder, anulando-se a sentença, a decisão do tribunal de recurso deve apreciar o mérito do processo, dentro do âmbito dos limites da missão do árbitro, salvo havendo vontade em contrário de todas as partes (art. 1485.º).

Quer o recurso de plena jurisdição para reforma da sentença arbitral, quer o recurso de anulação são interpostos para um tribunal de segunda instância (*cour d'appel*), no prazo de um mês a contar de notificação da sentença arbitral e têm efeito suspensivo da exequibilidade desta última (art. 1486.º).

Por força do art. 1495.º do CPC francês e no que toca à arbitragem internacional, quando ela está sujeita à lei francesa, só se aplica em princípio, entre outros, o título relativo aos recursos, se faltar uma convenção particular e com ressalva do disposto nos arts. 1493.º e 1494.º (normas especificas sobre arbitragem internacional).

Também no Direito inglês de Arbitragem, em regra, existe apenas a possibilidade de anulação de sentença arbitral com fundamento em irregularidades sérias (secção 68.º do *Arbitration Act* de 1996; tal impugnação é designada *challenge of the award*). Excepcionalmente pode haver um recurso sobre uma matéria jurídica, se houver acordo nesse sentido de todas as partes do processo ou com autorização do tribunal estadual (secção 69.º do *Arbitration Act*). É muito restritiva a regulamentação da anulação ou do recurso (secção 70.º da mesma Lei).

III– Vejamos agora o regime constante da LAV.

Trata-se de um <u>regime dualista</u>, claramente inspirado no direito francês.

Assim, <u>na arbitragem de direito comum ou puramente interna</u>, salvo se as partes tiverem renunciado aos recursos, "da decisão arbitral cabem para o tribunal da relação os mesmos recursos que caberiam da sentença proferida pelo tribunal de comarca" (art. 29.º, n.º 1, da LAV).

A formulação deste preceito baseava-se na existência de um sistema dualista de recursos interpostos de decisões de primeira instância (apelação e agravo), o qual existiu desde o Código de Processo Civil de 1939 até 1 de Janeiro de 2008, data da entrada em vigor do Decreto-Lei n.º 303/2007, de 24 de Agosto (diploma que reformou a matéria de recursos). Assim, se os árbitros se considerassem incompetentes para julgar a causa arbitral, abstendo-se de prosseguir com o processo até à sentença final, esta decisão era impugnável através de agravo, porque não era uma decisão final de mérito.

A partir da entrada em vigor do referido Decreto-Lei n.º 303/2007, passou a existir um sistema monista de recursos interpostos em primeira e em segunda instância: por isso, hoje as decisões finais dos tribunais arbitrais – quando sejam susceptíveis de ser impugnadas por recurso – podem ser impugnadas por meio de recurso de apelação, tendo de se observar o disposto no Código de Processo Civil quanto à interposição e tramitação de tal recurso. Deve notar-se que o acórdão da Relação que aprecie um recurso interposto de sentença arbitral poderá ser impugnado ainda através de recurso de revista, nos termos gerais.

O n.º 2 do art. 29.º exclui a existência de recurso (ordinário) quando as partes tenham autorizado os árbitros a julgar segundo a equidade. Este preceito fala de uma renúncia aos recursos neste caso, tendo de se entender que ou há uma renúncia ficta ou, então, uma presunção *iuris et de iure* de tal renúncia quando seja dada essa autorização para julgar segundo a equidade[176]. Trata-se da

---

[176] (1) Já vimos que o Direito francês acolhe solução diversa, permitindo a reserva da faculdade de recurso quando os árbitros decidam como *amiables compositeurs* – art. 1482.º CPC, parte final.

solução tradicional portuguesa, acolhida nos Códigos de Processo Civil de 1939 e de 1961.

A renúncia antecipada aos recursos, porém, tem de provir de todas as partes do processo arbitral. Muitas vezes, a renúncia aos recursos decorre de submissão do litígio a arbitragem institucionalizada. Pode haver até estipulações conflituantes – instauração da arbitragem junto de certa instituição e estipulação de recurso para a Relação [177].

Deve notar-se que não parecem susceptíveis de renúncia o recurso extraordinário de revisão e o recurso de constitucionalidade, que são recursos que não podem ser objecto de renúncia antecipada por razões de ordem pública.

A par da existência de recursos quando as partes a eles não tenham renunciado (art. 29.º da LAV), o art. 27.º da mesma Lei prevê a existência de um outro meio de impugnação, a acção de anulação. Trata-se de um meio de impugnação irrenunciável (art. 28.º, n.º 1, da LAV).

Vale a pena transcrever os n.º 1 e 2 do art. 27.º da LAV:

> *"1- A sentença arbitral só pode ser anulada pelo tribunal judicial por algum dos seguintes fundamentos:*
>
> *I- Não ser o litígio susceptível de resolução por*

---

177 [1] Cfr. hoje o Regulamento de 2008 da ACL/CCIP, art. 26.º, n.º 2, b) já referido.

via arbitral;

II- Ter sido proferido por tribunal incompetente ou irregularmente constituído;

III- Ter havido violação do artigo 16.º, com influência decisiva na resolução do litígio;

IV- Ter havido violação do artigo 23.º, n°s 1, alínea f), 2 e 3;

V- Ter o tribunal conhecido de questões de que não podia tomar conhecimento ou ter deixado de pronunciar-se sobre questões que devia apreciar.

2- O fundamento de anulação previsto na alínea b) do número anterior não pode ser invocado pela parte que dele teve conhecimento no decurso da arbitragem e que, podendo fazê-lo, não o alegou oportunamente. "

Deve notar-se que, se da sentença arbitral couber recurso e o mesmo for interposto, a questão da anulação daquela só poderá ser apreciada no âmbito desse recurso (art. 27.º, n.º 3, da LAV).

Por último, deve notar-se que é ainda permitido pôr em causa a decisão arbitral na oposição à execução de sentença arbitral (cfr. art. 815.º do Código de Processo Civil), suscitando fundamentos de anulação, ainda que não tenha sido proposta a acção de anulação em devido tempo.

Já no que toca à <u>arbitragem internacional</u> a que seja aplicável a lei portuguesa (arts. 32.º a 35.º da LAV; cfr. art. 37.º desta Lei), por regra o sistema de impugnação é <u>monista</u>, existindo apenas a possibilidade de propor uma acção de anulação, nos termos dos arts. 27.º e 28.º da LAV. Com efeito, sobre esta matéria dispõe o art. 34.º da LAV, sob a epígrafe "Recursos":

> "Tratando-se de arbitragem internacional, a decisão do tribunal não é recorrível, salvo se as partes tiverem acordado a possibilidade de recurso e regulado os seus termos."

Iç– A Prof.ª PAULA COSTA E SILVA publicou na *Revista da Ordem dos Advogados* dois estudos sobre os meios de impugnação de decisões proferidas em arbitragem voluntária.

Esta Autora chama a atenção para a evolução do Direito Português nesta matéria: nos Códigos de Processo Civil de 1939 e de 1961 (versão em vigor até 1986), havia uma equiparação total entre as decisões arbitrais e as decisões judiciais, só podendo umas e outras ser impugnadas por meio de recursos regulados nesses diplomas. Com o Decreto-Lei n.º 243/84, de 17 de Julho (diploma que veio a ser declarado inconstitucional, com força obrigatória geral, em 1986, pelo Tribunal Constitucional), passou a haver duas formas específicas de impugnação das decisões arbitrais: por um lado, só haveria recurso de decisões arbitrais se houvesse estipulação das partes nesse sentido[178]; por outro lado, havia

---

[178] (¹) De facto, o art. 25.º deste diploma estatuía, sob a epígrafe "Recursos", que, "salvo estipulação em contrário, o tribunal arbitral decidirá definitivamente todas as questões compreendidas na convenção".

sempre a possibilidade de propositura de acção de anulação, existindo doze alíneas com os fundamentos dessa acção de anulação (art. 31.º).

A LAV manteve o sistema dualista de impugnação, mas afastou-se do Decreto-Lei n.º 243/84, na medida em que estabeleceu que há recurso se as partes não tiverem renunciado a tal forma de impugnação. Trata-se, em minha opinião, de uma solução muito criticável.

Na Exposição de Motivos da Proposta de Lei n.º 34/IV, explica-se a opção do legislador que veio a ser consagrada na LAV, em matéria de recursos:

> "No que toca à impugnação da decisão arbitral, optou-se por manter o sistema tradicional entre nós que admite, ao lado do pedido de anulação, o recurso, sempre que as partes não tenham renunciado a esta última via.
>
> Não se ignora que os textos internacionais mais recentes sobre a arbitragem comercial internacional tendem a excluir a possibilidade de recurso, embora por vezes à custa de uma maior abertura nos fundamentos do pedido de anulação da sentença arbitral. Mas uma vez que a disciplina proposta se aplica de pleno — embora não exclusivamente - à arbitragem puramente interna, não se descobriu razão suficiente para afastar a solução dualista, de resto na linha seguida por algumas leis estrangeiras recentes.

> *Reafirmando uma vez mais o regime tradicional entre nós, faculta-se às partes a renúncia ao recurso, mas não ao direito de requerer a anulação da decisão arbitral (artigos 28.º e 29.º)"*[179].

PAULA COSTA E SILVA, ao apreciar o sistema consagrado pela LAV, afirma:

> *"O legislador nacional optou, no âmbito da arbitragem interna, por um sistema tripartido de vias de impugnação de decisões arbitrais. Prevê-se que a decisão arbitral seja controlável através de acção de anulação, mediante recurso e ainda em sede de embargos [hoje, oposição] de executado. É curioso observar que se trata de solução praticamente única nos países europeus, que na generalidade não admitem a revisão de mérito das decisões proferidas em arbitragem voluntária. Mas o legislador português terá porventura consagrado a solução que melhor reflecte o equilíbrio a que há que chegar em sede de arbitragem voluntária no espaço nacional."*[180]

---

[1] N.º 15; deve notar-se que a referência ao sistema dualista "tradicional" parece pouco correcta, visto que só o Decreto-Lei n.º 243/84 -, que na prática não chegou a vigorar -, é que consagrou tal solução dualista, embora em termos diversos dos consagrados pela LAV, como se referiu.

180

ç– Especificamente no que toca à acção de anulação da decisão arbitral, o n.º 1 do art. 27.º da LAV, na sua formulação literal, estabelece um <u>elenco taxativo de fundamentos de anulação</u>. A Prof. PAULA COSTA E SILVA sustenta tal taxatividade, chamando a atenção para que há certos vícios das sentenças, como a contradição entre os fundamentos e a decisão e a condenação em quantidade superior ou em objecto diverso (condenação *ultra petitum*) que constituem fundamento anulatório no processo civil (cfr. art. 668.º, n.º 1, alíneas c) e e), do CPC) mas não no processo arbitral.[181]

Contra este ponto de vista se tem pronunciado o Prof. LIMA PINHEIRO. Sem deixar de reconhecer o carácter ostensivamente taxativo da formulação do n.º 1 do art. 27.º - o qual tem sido reafirmado pelos tribunais superiores portugueses quando o autor da acção de anulação tenta conseguir um controlo do mérito da sentença arbitral pelos tribunais estaduais – este Autor sustenta que, se a desconformidade do processo (incluindo a determinação do Direito aplicável) com a convenção de arbitragem constituir um fundamento de recusa do reconhecimento da sentença arbitral

---

[¹] "Os Meios de Impugnação de Decisões Proferidas em Arbitragem Voluntária no Direito Interno Português", in *Revista da Ordem dos Advogados*, ano 56.º, 1996, I, págs. 180-181.

181

[¹] Cfr. Paula Costa e Silva, "Os Meios de Impugnação de Decisões Proferidas em Arbitragem Voluntária no Direito Interno Português", in *Revista da Ordem dos Advogados*, ano 56 (1996), I, págs. 185-186.

estrangeira no âmbito da aplicação da Convenção de Nova Iorque de 1958, por maioria de razão deve constituir uma fundamento de anulação da decisão arbitral "nacional". Para além disso, a incompatibilidade da decisão arbitral com a ordem pública deverá constituir fundamento de acção de anulação (cfr. art. V, n.º 2, b) da Convenção de Nova Iorque)[182].

Não parece, porém, aceitável esta interpretação *contra legem* ou correctiva, não se vendo que as opções do legislador português, tomadas numa altura em que Portugal não era ainda parte da Convenção de Nova Iorque de 1958 e tendo bem presente solução diversa constante do art. 31.º do Decreto-Lei n.º 243/84 (quanto à violação da ordem pública internacional), possam ser postas em causa com fundamento em orientações diversas constantes de outras leis de arbitragem ou da Convenção referida. [183]

182

[1] Vejam-se deste autor, *Arbitragem Transnacional* cit., págs. 173-174; "Recurso e Anulação da Decisão Arbitral: Admissibilidade, Fundamentos e Consequências", in *I Congresso do Centro de Arbitragem* cit., págs. 188-190

183

[1] Sobre o entendimento jurisprudencial em material de acção de anulação remete-se para as espécies indicadas por Armindo Ribeiro Mendes, *Balanço dos Vinte Anos da Vigência...* in *I Congresso do Centro de Arbitragem*, págs. 45-52, e ainda, de forma muito clara, para o Acórdão da Relação de Lisboa de 6 de Março de 2007 in *Colect. Jurisp.*, 2007, pág. 70, e da Relação do Porto de 18 de Junho de 2008, Proc. n.º 0726831. No sentido da relevância anulatória da violação de uma regra de ordem pública, cfr. Acórdão do STJ de 10 de Julho de 2008 (Proc. 08A1698).

çI– Importa ver a adjectivação dos meios de impugnação.

No que toca à acção de anulação, a mesma tem de ser proposta no prazo de um mês a contar da notificação da decisão arbitral e tem de ser entregue no tribunal judicial de primeira instância da sede da arbitragem. Deve ser proposta contra todas as outras partes do processo arbitral, mas não contra os árbitros ou a instituição que organiza a arbitragem.

Solução diversa vigora no direito processual administrativo. Neste caso, a acção de anulação é proposta no Tribunal Central Administrativo, tribunal de segunda instância (art. 186.º, n.º 1, do CPTA, Código de Processo nos Tribunais Administrativos). Note-se, assim, que as acções de anulação e os recursos são decididos pela mesma instância no contencioso administrativo (art. 186.º, n.º 2, CPTA). LUÍS DE LIMA PINHEIRO sustenta que é uma má solução a de confiar a anulação das sentenças arbitrais não administrativas aos tribunais de primeira instância, sem que a lei consagre um processo especial para o efeito[184].

Já no que toca aos recursos, a nossa lei é omissa quanto à adjectivação. Na prática, os tribunais arbitrais, sobretudo os seus presidentes, tendem a assumir as competências dos juízes de primeira instância, apreciando os requerimentos de interposição do recurso, deferindo-os ou indeferindo-os, fixando os efeitos do

---

184

[1] Cfr. "Recurso e Anulação da Decisão Arbitral" cit., págs. 182-183.

recurso, etc. Concluída a instrução desta fase de interposição, expedem depois o recurso para o Tribunal da Relação competente.

É duvidosa a legalidade desta prática, mas não tem suscitado divergência com os tribunais da Relação[185].

çII— No caso de haver impugnação por recurso da decisão final de mérito, a procedência do recurso leva, em regra, a que o Tribunal da Relação revogue a decisão recorrida e profira nova decisão de mérito (sistema de substituição – art. 715.º CPC). Esta decisão poderá ser impugnada através de revista, se for recorrível nos termos gerais.

No caso de procedência da acção de anulação, o tribunal estadual não se substitui ao tribunal arbitral – diferentemente do que vimos suceder no direito francês, como regra – e uma vez anulada a decisão, terá de ser outro tribunal arbitral a apreciar de novo o litígio, salvo se o fundamento de anulação for a invalidade da convenção de arbitragem[186].

185

[¹] Sobre esta problemática, mas antes da entrada em vigor da Reforma dos Recursos Cíveis introduzida pelos Decreto-Lei n.º 303/2007, de 24 de Agosto, remete-se para Luís A. Carvalho Fernandes, "Dos Recursos em Processo Arbitral" in *Estudos em Homenagem ao Prof. Doutor Raúl Ventura*, 2003, cit., págs. 159 e segs..

186

[¹] Cfr. Lima Pinheiro, "Recursos e Anulação" cit., págs. 190-191.

çIII– O Projecto da APA inova nesta matéria. Prevê que possa haver impugnação da sentença por recurso apenas no caso de as partes terem expressamente previsto tal possibilidade na convenção de arbitragem e desde que a causa não haja sido julgada segundo a equidade (art. 39.º, n.º 3). O art. 46.º, n.º 1, estatuiu que a impugnação de uma sentença arbitral perante um tribunal estadual só pode revestir a forma de pedido de anulação, nos termos do disposto no presente artigo. Esta acção de anulação é proposta no Tribunal da Relação, sendo tramitada como se de um recurso de apelação se tratasse. Todavia, o tribunal estadual não pode conhecer do mérito da sentença arbitral.

Capítulo VIII

Execução da Decisão Arbitral

43. **Exequibilidade da decisão arbitral interna**

I- Já vimos atrás que a decisão final de mérito de um tribunal arbitral a cujo processo arbitral se aplique a LAV (arbitragem interna, incluindo a arbitragem de direito comum e a arbitragem internacional regulada nos arts. 32.º a 35.º da LAV) tem o mesmo valor que a decisão de um tribunal judicial de primeira instância (art. 26.º, n.º 2, da LAV).

Os tribunais arbitrais não têm tradicionalmente competência executiva, situação que ocorre no comum dos países da Europa e nos Estados Unidos da América e, também hoje, praticamente em todos os Países do Mundo que têm leis de arbitragem novas.

Muito recentemente, em Portugal, a legislação abriu a possibilidade de ser atribuída competência executiva a tribunais arbitrais, no domínio da arbitragem institucionalizada. O Decreto-Lei n.º 226/2008, de 20 de Novembro, que introduziu alterações na acção executiva e em outras normas de natureza processual, prevê a possibilidade de autorização da criação de centros de arbitragem voluntária "com competência para a resolução de litígios resultantes do processo de execução e para a realização das diligências de execução previstas na lei" (art. 11.º). Esta disposição e as subsequentes entraram em vigor em 31 de Março de 2009. Estas normas só conferem competência executiva a tribunais arbitrais quando o título não seja uma sentença arbitral (cfr. art. 12.º do diploma).

Continuará, por isso, a vigorar a regra de que os tribunais arbitrais não têm competência executiva para executar as suas próprias sentenças. De facto, nos termos do art. 30.º da LAV, a execução da decisão arbitral "corre no tribunal de 1.ª instância, nos termos da lei de processo civil."

II- O art. 48.º, n.º 2, do Código de Processo Civil estabelece que:

"As decisões proferidas pelo tribunal arbitral são exequíveis nos mesmos termos em que o são as decisões dos tribunais comuns."

Este preceito repete, com outra formulação e na perspectiva da acção executiva, o que consta do n.º 2 do art. 26.º da LAV.

O art. 90.º, n.º 2, do mesmo diploma contém uma regra de competência territorial, estabelecendo que, "se a decisão tiver sido proferida por árbitros em arbitragem que tenha tido lugar em território português, é competente para a execução o tribunal do lugar da arbitragem" (redacção introduzida pelo art. 36.º da LAV).

Como é evidente e por força da equiparação do valor da sentença arbitral ao da sentença condenatória do tribunal judicial, a sentença arbitral só é exequível se tiver transitado em julgado ou, existindo a possibilidade de recurso e tendo este sido interposto, ao mesmo tiver sido atribuído efeito meramente devolutivo (art. 47.º, n.º 1, do Código de Processo Civil). Deve notar-se que a pendência de uma acção de anulação de sentença arbitral transitada em julgado (art. 27.º da LAV) não impede a instauração da acção executiva, diferentemente do que sucede no Direito francês.

Nas recentes alterações à Acção Executiva, o novo art. 812.º-D do CPC (redacção do Decreto-Lei n.º 226/2008, de 20 de Novembro) estabelece a necessidade de remessa pelo agente de execução do processo ao juiz para ser proferido despacho liminar em acção executiva "se, pedida a execução de sentença arbitral, o agente de execução duvidar de que o litígio pudesse ser cometido à decisão por árbitros, quer por estar submetido, por lei especial, exclusivamente a tribunal judicial ou a arbitragem necessária, quer por o direito litigioso não ser disponível pelo seu titular" (alínea g)).

O art. 820.º CPC (nova redacção introduzida pelo mesmo diploma) permite em idêntico caso o controlo pelo juiz, mesmo passada a fase do despacho liminar.

É, no mínimo, duvidosa a bondade desta solução de controlo oficioso, na medida em que o art. 815.º CPC já permitia (e permite) que o executado suscite em oposição à execução a nulidade da convenção da arbitragem ou os outros fundamentos de anulação previstos no art. 27.º da LAV.

Trata-se de uma clara medida de desconfiança em relação à arbitragem voluntária, algo contraditória com a possibilidade de confiar execuções a tribunais arbitrais voluntários (arts. 11.º a 17.º do citado Decreto-Lei n.º 226/2008).

Se a sentença arbitral condenar uma das partes em pedido genérico (cfr. art. 471.º do Código de Processo Civil), a partir da Reforma da Acção Executiva de 2003 (através do Decreto-Lei n.º 38/2003, de 8 de Março) passou a ser discutido se a liquidação se devia fazer antes da instauração do processo executivo através do incidente de liquidação (cfr. art. 378.º, n.º 2, do Código de Processo Civil), como sucede com as decisões judiciais, ou, pelo contrário, já na acção executiva, nos termos do art. 805.º, n.º 4, do mesmo CPC. O problema só se pôs a partir da Reforma de 2003 da Acção Executiva, porque até esta Reforma a liquidação de pedidos genéricos fazia-se sempre no processo executivo, independentemente da natureza do título executivo.

A jurisprudência parecia inclinar-se para que a liquidação da condenação genérica proferida por tribunal arbitral tivesse de fazer-se previamente à instauração da acção executiva, através do incidente de liquidação. Tal acarretava a renovação da instância arbitral extinta, mas deparava-se com a dificuldade de o tribunal arbitral se ter entretanto extinguido por força da regra constante do art. 25.º da LAV. Daí que tal orientação jurisprudencial considerasse que a parte interessada em instaurar a execução deverá desencadear a constituição de novo tribunal arbitral para proceder à liquidação nos termos dos arts. 378.º a 380.º-A CPC (incidente de liquidação).[187] Contrariava esta posição, sustentado haver uma lacuna no Código de Processo Civil e que a liquidação se devia fazer já na acção executiva, como sucede com os títulos executivos negociais, o Prof. LEBRE DE FREITAS.[188] Também nós propendíamos decididamente para esta solução.

A questão parece ter sido resolvida no mesmo sentido pela nova redacção do n.º 4 do art. 805.º do CPC, introduzida pelo Decreto-Lei n.º 226/2008, de 20 de Novembro, na medida em que manda aplicar o procedimento de liquidação na acção executiva quando o título não seja "uma sentença judicial" (expressão que não abrange a sentença arbitral, já que, na anterior versão, se referia a sentença simplesmente).

III- Em matéria de oposição à execução, já vimos atrás que existe a possibilidade de, sendo o título executivo uma sentença arbitral, invocar como fundamentos a tal oposição – além dos fundamentos taxativos aplicáveis no caso de a execução se basear em sentença condenatória dos tribunais judiciais (art. 814.º do

---

187 (1) Neste sentido, podem ver-se as fundamentações dos Acórdãos da Relação do Porto de 23 de Outubro de 2007 (Proc. 023032) e da Relação de Lisboa de 17 de Abril de 2008, Proc. 2514/2008-6.

188

(1) In "Competência do tribunal de execução para a liquidação da obrigação no caso de sentença genérica arbitral" in *Revista da Ordem dos Advogados*, ano 66.º, 2006, I, págs. 119-130, posição a que adere Paula Costa e Silva no estudo adiante citado (*I Congresso*, págs. 156-158).

CPC) - "aqueles em que pode basear-se a anulação judicial da mesma decisão" (art. 815.º).

O Projecto APA só permite a oposição à execução com invocação de fundamentos de anulação de sentença exequenda se ainda estiver pendente um pedido de anulação da mesma sentença (art. 48.º, n°s 1 e 2), embora permita ao juiz da execução conhecer oficiosamente de certas causas de invalidade da sentença (art. 48.º, n.º 3).

IV- Salvas estas soluções especiais, a execução de uma sentença arbitral é feita do mesmo modo que a execução de uma sentença condenatória do tribunal judicial. Tal levanta problemas complexos, nomeadamente quando estejam em causa fundamentos de extinção da obrigação exequenda, pois é o tribunal de execução o competente para os apreciar (art. 814.º, alínea g), aplicável por força do art. 815.º do CPC).[189]

44.   Exequibilidade de decisões arbitrais proferidas por tribunais sedeados no estrangeiro: reconhecimento e execução

---

[189] (1) Para desenvolvimento desta matéria, remete-se para o estudo da Prof.ª Paula Costa e Silva, "A Execução em Portugal de Decisões Arbitrais Nacionais e Estrangeiras", in *I Congresso do Centro de Arbitragem* cit., págs. 131-180 (publicado igualmente na *Revista da Ordem dos Advogados*, ano 67, 2007, II, págs. 629 e segs.).

1.   Em Portugal, as sentenças arbitrais estrangeiras – isto é, as proferidas no estrangeiro em processo que não correu em Portugal – a que não se aplica a nossa LAV, dado o disposto no seu art. 37.º quanto ao âmbito de aplicação no espaço, podem ser executadas, desde que os executados tenham domicílio ou residência ou estabelecimento em Portugal ou, pelo menos, desde que aqui tenham bens penhoráveis. Aliás, nos termos do art. 65.º-A, n.º 5, do CPC, os tribunais portugueses têm competência exclusiva para as execuções sobre bens existentes em Portugal, sem prejuízo do disposto em tratados e convenções internacionais, regulamentos comunitários e leis especiais.

Dispõe o art. 49.º, n.º 1, do CPC:

"1. Sem prejuízo do que se acha estabelecido em tratados, convenções, regulamentos comunitários e leis especiais, as sentenças proferidas por tribunais ou árbitros em país estrangeiro só podem servir de base à execução depois de revistas e confirmadas pelo Tribunal português competente."

Como escreve a Prof.ª PAULA COSTA E SILVA:

"... somente a decisão arbitral proferida por

árbitros no estrangeiro é considerada, do ponto de vista da ordem jurídica nacional, como uma decisão estrangeira, pelo que deverá ser revista e confirmada para poder produzir efeitos primários (...) na ordem jurídica interna (cfr. arts. 49/1, 1094/1 e 1097, todos do CPC).

O procedimento aplicável à revisão é o que resulta dos arts. 1095 e segs., sendo os fundamentos que impedem a confirmação (e, veremos mais adiante, que fundamentam a oposição à execução fundada em decisão arbitral proferida por árbitros no estrangeiro e confirmada) de decisões arbitrais aqueles que constam do Direito Convencional que vincula o Estado português ou, em caso de ausência deste tipo de instrumento, da prova da verificação dos pressupostos positivos de confirmação e da prova de não verificação dos pressupostos negativos de confirmação, previstos no art. 1096 do CPC.[190]

2. A revisão das sentenças arbitrais proferidas no estrangeiro (sentenças arbitrais estrangeiras) faz-se nos termos da Convenção de Nova Iorque de 1958, a qual tem hoje um âmbito de aplicação mundial, atendendo ao número de Estados que são partes dessa Convenção.

Até 1994, Portugal não fazia parte desta Convenção, sendo o único país comunitário não vinculado por tal instrumento. Em contrapartida, Portugal estava vinculado com numerosos Estados

---

[190] [1]"A Execução em Portugal..." cit, pág. 151.

pelo Protocolo de Genebra de 24 de Setembro de 1923 e pela Convenção de Genebra de 26 de Setembro de 1927.

A Convenção de Nova Iorque de 1958 sobre o reconhecimento e execução de sentenças arbitrais estrangeiras foi aprovada para ratificação pela Resolução da Assembleia da República n.º 37/94, de 8 de Julho, com reserva de reciprocidade, tendo entrado em vigor em 16 de Janeiro de 1995 (Aviso n.º 142/95 do Ministério dos Negócios Estrangeiros).

Hoje, só interessa referir o regime desta Convenção, sendo seguramente marginais os casos que não são cobertos pela mesma.

O art. I, n.º 1, da Convenção de Nova Iorque estabelece o seguinte:

"A presente Convenção aplica-se ao reconhecimento e à execução das sentenças arbitrais proferidas no território de um Estado que não aquele em que são pedidos o reconhecimento e a execução das sentenças e resultantes de litígios entre pessoas singulares ou colectivas. Aplica-se também às sentenças arbitrais que não forem consideradas sentenças nacionais do Estado em que são pedidos o seu reconhecimento e execução."

As sentenças arbitrais podem provir de tribunais arbitrais *ad hoc* ("árbitros nomeados para determinados casos") ou tribunais em arbitragem institucionalizada ("órgão de arbitragem permanente aos quais as Partes se submeteram"). É o que dispõe o art. I, n.º 2, da mesma Convenção.

Estão previstas as reservas de reciprocidade (de que Portugal fez uso) e a de limitação da aplicabilidade da Convenção "aos litígios resultantes de relações de direito, contratuais ou não contratuais, que forem consideradas comerciais pela respectiva lei nacional" (reserva da restrição à arbitragem das relações comerciais). É o que decorre do art. I, n.º 3.

O art. II, que já atrás referimos, regula as condições de reconhecimento da convenção arbitral, que tem de ter forma escrita. Aí se prevê a forma de suscitação da excepção de preterição de tribunal arbitral ou de violação da convenção de arbitragem (Art. II-3).

3. Especificamente no que toca ao reconhecimento das sentenças arbitrais estrangeiras, o art. III da Convenção de Nova Iorque (segunda parte) estatui que, "para o reconhecimento ou execução das sentenças arbitrais às quais se aplica a presente Convenção, não serão aplicadas quaisquer condições sensivelmente mais rigorosas, nem custas sensivelmente mais elevadas, do que aquelas que são aplicadas para o reconhecimento ou a execução das sentenças arbitrais nacionais".

O Art. IV da Convenção prevê as condições de reconhecimento e execução da sentença arbitral. Este regime constitui uma simplificação em relação ao regime da Convenção de Genebra.

A parte que quiser reconhecer a sentença arbitral estrangeira deve juntar ao seu pedido não só o original devidamente autenticado da sentença, ou uma cópia da mesma, verificadas as condições exigidas para a sua autenticidade, como também o original da convenção de arbitragem referida no art. II, ou uma cópia da mesma, verificadas as condições exigidas para a sua autenticidade. No caso de a sentença e/ou a convenção estarem redigidas numa língua estrangeira, a Parte requerente do reconhecimento terá de apresentar uma tradução dos documentos na referida língua, autenticada por um tradutor oficial ou por um agente diplomático ou consular.

O art. V contempla os fundamentos de recusa do reconhecimento de sentença arbitral. O n.º 1 prevê cinco alíneas com fundamentos de recusa, que têm de ser objecto de alegação e de prova pela parte requerida (a Convenção de Nova Iorque acolheu uma inversão do ónus de prova, em relação à solução de Convenção de Genebra de 1927). O n.º 2 prevê dois fundamentos de recusa de conhecimento oficioso.

Vejamos as cinco alíneas que contêm fundamentos que têm de ser invocados e provados pela parte requerida no processo de reconhecimento (art. V, n.º 1):

a)   incapacidade das Partes Outorgantes da convenção de

arbitragem, nos termos da lei que lhes for aplicável, ou invalidade da referida convenção ao abrigo da lei a que as Partes a tenham sujeitado ou, no caso de omissão, quanto à lei aplicável ao abrigo da lei do país em que tenha sido proferida a sentença; ou

b)   a Parte contra a qual a sentença for invocada não tenha sido devidamente informada quer da designação do árbitro quer do processo de arbitragem, ou de que lhe tenha sido impossível, por outro motivo, deduzir a sua contestação; ou

c)   a sentença disser respeito a um litígio que não foi objecto nem de convenção escrita nem de cláusula compromissória, ou que contiver decisões que extravasam os termos da convenção escrita ou de cláusula compromissória; no entanto, se o conteúdo de sentença referente a questões não submetidas a arbitragem puder ser destacado do referente a questões não submetidas a arbitragem, o primeiro poderá ser reconhecido e executado; ou

d)   a constituição do tribunal arbitral ou o processo de arbitragem não estiver em conformidade com a convenção das Partes ou, na falta de tal convenção, não estiver em conformidade com a lei do país onde tenha tido lugar a arbitragem; ou

e)   a sentença ainda não se tiver tornado obrigatória para as Partes, tenha sido anulada ou suspensa por uma autoridade competente do país em que, ou segundo a lei do qual, a sentença tenha sido proferida.

O n.º 2 do art. V da Convenção de Nova Iorque tem o seguinte teor:

> *"Poderão igualmente ser recusados o reconhecimento e a execução de uma sentença arbitral se a autoridade competente do país em que o reconhecimento e a execução forem pedidos constatar:*
>
> *a) Que, de acordo com a lei desse país, o objecto do litígio não é susceptível de ser resolvido por via arbitral; ou*
>
> *b) Que o reconhecimento ou a execução da sentença são contrários à ordem pública desse país."*

Fala-se a este propósito de causas impeditivas de reconhecimento, de conhecimento oficioso, contrapostos aos fundamentos de oposição ao reconhecimento previstos no mesmo art. V, n.º 1.

Como escreve MARIA CRISTINA PIMENTA COELHO:

> *"A Convenção de N.I. veio concentrar no art. V os fundamentos de recusa do reconhecimento e execução e só com base nestes fundamentos é*

possível ao juiz do Estado onde se pretende obter tais efeitos recusá-los, ou seja, o art. V prevalece sobre as legislações nacionais que prevejam outros motivos de recusa.

Como característica comum destes fundamentos encontramos a proibição de revisão de mérito da sentença. É sintomático que a Convenção não preveja no art. V o erro de facto ou de direito do árbitro. Pode acontecer que se recuse o reconhecimento e execução com base em ofensa da ordem pública do país onde se pretende tais efeitos mas isso não implica, em minha opinião, revisão do mérito (...) De igual modo não implica revisão do mérito da sentença a sua apreciação para se apurar se existem outros fundamentos de recusa previstos no art. V."[191]

A situação de suspensão de eficácia da sentença arbitral (art. V, n.º 1, alínea e)) é regulada no art. VI de Convenção: estando requerida a anulação ou suspensão da sentença arbitral perante a autoridade competente, o juiz ao reconhecer poderá, se o considerar adequado, "diferir o momento da sua decisão relativa à execução da sentença" ou, a pedido de parte requerente do reconhecimento, exigir da outra parte a prestação das garantias adequadas.

Por último, vale a pena chamar a atenção para o art. VII, n.º

---

[191] (¹) "A Convenção de Nova Iorque de 10 de Junho de 1958 relativa ao Reconhecimento e Execução de Sentenças Arbitrais", in *Revista Jurídica*, n.º 20, Novembro de 1996, pág. 55.

1, desta Convenção. Segundo este preceito, as disposições da Convenção de Nova Iorque "não prejudicam a validade dos acordos multilaterais ou bilaterais celebrados pelos Estados Contratantes em matéria de reconhecimento e de execução de sentenças arbitrais, nem prejudicam o direito de invocar a sentença arbitral que qualquer das Partes interessadas possa ter nos termos da lei ou dos tratados do país em que for invocada."

Este art. VII permite que uma sentença proferida no estrangeiro, embora a arbitragem tenha corrido em Portugal, possa ser considerada nacional por força da LAV (cf. art. 37.º), e não careça de reconhecimento, apesar da Convenção de Nova Iorque a considerar uma sentença estrangeira, em relação a Portugal.[192] [193]

4. O processo de reconhecimento de sentença arbitral estrangeira é o previsto nos arts. 1094.º- a 1102.º do Código de Processo Civil.

Todavia, não obstante o art. 1095.º da CPC prever a competência das Relações para os processos de revisão e confirmação de decisões sobre direitos privados, proferidas por tribunal estrangeiro ou por árbitros no estrangeiro, a verdade é

---

[192] [¹] Cfr. Maria Cristina Pimenta Coelho, *art.* cit, pág. 64.

[193]

[¹] Sobre a Convenção de Nova Iorque e o que dela resulta em matéria de reconhecimento e execução de sentenças arbitrais estrangeiras, remete-se para Poudret e Besson, *Comparative Law* cit., págs. 810-874, com referências bibliográficas actualizadas.

que a jurisprudência do Supremo Tribunal de Justiça tem entendido que o tribunal competente para o reconhecimento de sentenças arbitrais estrangeiras é o tribunal judicial de primeira instância. Remete-se para a crítica inteiramente procedente de ANTÓNIO SAMPAIO CARAMELO ao Acórdão do STJ de 22 de Abril de 2004.[194]

5.   As decisões arbitrais estrangeiras, uma vez confirmadas, passam a valer como título executivo, permitindo a instauração de uma acção executiva.

Nessa execução, o art. 815.º do Código de Processo Civil é aplicável, embora não possam ser suscitados fundamentos de uma acção de anulação não instaurada.

De facto, a pendência de uma acção de anulação no estrangeiro tem influência sobre o processo de reconhecimento da sentença arbitral estrangeira, podendo mesmo implicar o diferimento do momento da decisão sobre o reconhecimento e/ou execução pela autoridade perante a qual a sentença for invocada.

Uma vez julgada improcedente a acção de anulação – hipótese agora considerada – se for obtido o reconhecimento nos termos dos arts. IV e V da Convenção de Nova Iorque, esta última

---

194

[1] "Questões de arbitragem comercial – II Anotação ao Acórdão do STJ de 22 de Abril de 2004", em *Revista de Direito e Estudos Sociais*, ano XLVI nos 2-3-4, 2005, págs. 361 e segs.; ver ainda Armindo Ribeiro Mendes, "Balanço dos Vinte Anos..." cit, in *I Congresso do Centro de Arbitragem* cit., pág. 36, nota 39.

decisão transita em julgado, impedindo a suscitação de quaisquer questões atinentes à convenção de arbitragem e ao processo arbitral.

Se, pura e simplesmente, não foi requerida pela parte afectada a anulação de sentença arbitral no país onde decorreu a arbitragem ou que se considera competente para o pedido, a obtenção do subsequente reconhecimento em Portugal impede que o executado se possa opor à execução com fundamentos que justificariam a eventual anulação em país estrangeiro. Tem de entender-se que o executado só pode defender-se com alguns dos fundamentos aplicáveis previstos no art. 814.º CPC, havendo de interpretar-se restritivamente o art. 815.º quando se trate de execução baseada em sentença arbitral estrangeira.

Por outro lado, o executado não pode utilizar como fundamentos de oposição à execução fundamentos de recusa do reconhecimento, ainda que não suscitados no processo de reconhecimento, devendo entender-se que ocorre uma preclusão. (195)

---

195 (¹) No sentido do texto se pronuncia Paula Costa e Silva, após estudo aprofundado desta problemática – cfr. "A Execução em Portugal de Decisões Arbitrais ...", in I Congresso do Centro de Arbitragem cit., págs. 168-179.

Capítulo IX

Breve Referência às Arbitragens Comerciais Internacionais

45. **A arbitragem comercial internacional *ad hoc* e a arbitragem institucional. Importância dos Regulamentos internos de instituições arbitrais como a CCI, LCIA e AAA**

I-Vimos atrás, no n.º 8 supra, que as legislações tendem a distinguir as arbitragens puramente <u>internas</u> – em que não há elementos de <u>extraneidade</u> no processo arbitral (as partes são cidadãos portugueses ou sociedades constituídas em Portugal, os árbitros são portugueses, o objecto do litígio não tem conexões com qualquer outro ordenamento que não o português, a sede da arbitragem situa-se em Portugal, etc.) – com arbitragens que têm elementos de extraneidade como, por exemplo, a convenção de arbitragem constante de um contrato entre não residentes que prevê um tribunal que funciona em território português ou, pelo contrário, as partes portuguesas de uma convenção de arbitragem prevêem que os eventuais litígios irão ser submetidos a um tribunal arbitral que tem sede e funciona em país estrangeiro.

Já vimos que a LAV criou um regime especial para as arbitragens que têm lugar no território nacional embora ponham "em jogo interesses do comércio internacional" (arts. 32.º a 35.º e

37.º). Tais arbitragens são consideradas internas para múltiplos efeitos, seja porque as respectivas sentenças são imediatamente exequíveis, não carecendo de qualquer reconhecimento ao abrigo da Convenção de Nova Iorque de 1958, seja porque podem ser impugnadas por acção de anulação ou, eventualmente, por recurso (art. 34.º da LAV), em Portugal.

Relativamente ao próprio conceito objectivo de litígio em que se põem em jogo "interesses do comércio internacional" tem havido algumas tentativas jurisprudenciais de densificação da expressão. Por exemplo, no Acórdão da Relação de Lisboa de 11 de Maio de 1995 pode ler-se:

> *"Não é fácil determinar o exacto significado e alcance da expressão «interesses do comércio internacional», até porque o legislador não oferece pistas concretas.*
>
> *Trata-se de uma fórmula elástica e geradora de incertezas, incumbindo à jurisprudência precisar os conceitos não só de «comércio» como de «internacional».*
>
> *De todo o modo, deve entender-se que o termo «comércio» está usado em sentido amplo, abrangendo, pois, além das operações de produção e troca, as actividades de construção, os investimentos e toda a espécie de prestações de serviços"*[196].

---

[196] [1] Sublinhado final acrescentado; publicado na *Colectânea de Jurisprudência*, ano XX, 1995, II, pág. 105; no caso concreto tratava-se de um litígio entre a Região Autónoma da Madeira e um construtor naval estrangeiro,

É frequente na doutrina acentuar-se que a arbitragem estrangeira não se confunde com a arbitragem internacional (ou transnacional, numa das acepções deste termo). RENÉ DAVID na sua conhecida obra sobre arbitragem escreve, de forma certamente discutível, mas plenamente sugestiva:

> "A segunda situação que convém ser examinada [a primeira é a das arbitragens estrangeiras] é aquela em que os tribunais têm de ocupar-se de uma arbitragem que põe em jogo relações do comércio internacional. A questão que se põe neste caso é a de saber se as disposições do direito internacional, que foram estatuídas de forma muito geral considerando arbitragens desprovidas de um elemento de extraneidade, vão ser aplicáveis sem modificações ou se a circunstância de se tratar de relações internacionais não vai levar a que, relativamente a diferentes aspectos, se tenha se afastar tais disposições. É a esta hipótese que chamamos arbitragem internacional, sem nos deixarmos deter pela objecção de certos juristas, segundo os quais

---

decorrente de um contrato de empreitada de construção de um navio. Nesta mesma decisão, afirma-se que, para serem postos em jogo interesses do comércio internacional "é suficiente, no fim de contas que a operação «implique um movimento de bens, de serviços ou um pagamento transfronteiras»". Critica esta noção ampla de acto de comércio internacional Luís de Lima Pinheiro, *Arbitragem Transnacional*, nota (32), págs. 36-37.

esta designação deveria ser reservada para as arbitragens que incidem sobre controvérsias entre Estados. [...]

(...) Precisamente quando se estabelece como princípio que não há outro direito diverso dos direitos nacionais ocorre perguntar se num dado direito não existe, ou se não deveria existir, uma dupla regulamentação: uma aplicável às relações de direito interno, outra às relações jurídicas internacionais. A ausência de um direito internacional autónomo deve ser compensada pelo reconhecimento, em cada direito interno, do facto internacional. Ao lado da questão dos conflitos de leis, e uma vez resolvida essa questão, devemos perguntar se não há, no direito nacional reconhecido como aplicável, normas de mérito (Sachnormen) especialmente destinadas ao caso das relações internacionais [..]

(...) Na nossa época reconhece-se em muitos Estados a necessidade de fazer coexistir um direito tradicional e um direito moderno. A ideia de base que inspira esta dualidade é sempre a mesma: as regras jurídicas que convêm às relações entre membros de uma certa comunidade não convêm necessariamente às relações entre pessoas que pertencem a comunidades diferentes. A necessidade de estabelecer uma distinção pode decorrer de factos de ordem material tais como a distância geográfica; ao editar regras uniformes para as relações internas e internacionais, arriscamo-nos a não fazer justiça em muitas hipóteses. No interior de cada direito nacional tende a desenvolver-se na nossa época um ramo próprio

> *das relações internacionais, um jus gentium autónomo em relação aos jus civile, o qual se limita a oferecer um modelo, na falta de outro"*[197].

A verdade é que esta distinção, na mesma Ordem Jurídica, de uma regulamentação aplicável à arbitragem de direito comum ou puramente interna e de outra aplicável à arbitragem internacional, só foi acolhida em 1981 pela Reforma francesa do Direito de Arbitragem (arts. 1492.º e segs do Novo Código de Processo Civil francês), por Portugal (pela LAV de 1986) e também pela Suíça (através da aprovação de um capítulo próprio da Lei de Direito Internacional Privado, LDIP, de 1987). Os Direitos inglês, alemão e espanhol, todos eles reformados nos últimos doze anos, não acatam essas regras especiais, optando por uma única lei, ao passo que outros, como a Holanda, a Bélgica, a Itália e a Suécia, se limitam a tratar do mesmo modo todas as arbitragens submetidas à respectiva lei nacional, contendo algumas regras próprias sobre a questão do reconhecimento de sentenças arbitrais estrangeiras ou sobre a arbitragem internacional (por exemplo, em Itália, na reforma de 2006, só há uma regra importante sobre arbitragens internacionais: se uma das partes tiver a sua residência ou a sua sede efectiva no estrangeiro na data da assinatura da convenção de

---

[197] (1) *L'Arbitrage dans le Commerce International*, 1981, págs. 97-99; o Autor refere-se ao aparecimento no direito romano clássico da noção de *jus gentium*, direito material aplicável nas relações entre cidadãos e estrangeiros, menos formalista que o *jus civile* próprio dos cidadãos, *cives* ou *quirites*

arbitragem, o tribunal de apelação não pode decidir sobre o mérito do litígio, se anular a sentença arbitral em recurso, a menos que tal esteja previsto na convenção de arbitragem ou as partes do recurso o tenham conjuntamente requerido – art. 830.º, 2.º inciso, CPC italiano).

Seja como for, importa recordar que uma arbitragem é internacional consoante ponha em jogo interesses do comércio internacional (critério objectivo acolhido pelo CPC francês e pela LAV portuguesa) ou consoante se verifiquem certas situações (critério subjectivo: ver, por exemplo, a Lei-Modelo da CNUDCI / UNCITRAL, o CPC italiano, etc.). Remete-se para o que se escreveu no n.º 8, supra.

II-No domínio da arbitragem comercial internacional, podem surgir tribunais *ad hoc* ou podem as partes recorrer a arbitragem institucionalizada.

Neste último caso, revestem-se de especial importância para o desenvolvimento da regulamentação da arbitragem internacional, e até interna, as regras constantes dos regulamentos das instituições arbitrais mais conhecidas.[198]

Vale a pena referir, desde logo, o caso da CCI, Câmara de Comércio Internacional, com sede em Paris. Esta Câmara foi fundada em 1919 e tem desde 1923 um "tribunal arbitral internacional" que é um órgão do centro de arbitragem

---

[198] (1) Cfr. supra, n.º 14.

institucionalizado que organiza e dá apoio aos tribunais arbitrais propriamente ditos, constituídos para julgar certos litígios, cabendo-lhe "assegurar a aplicação dos regulamentos" da CCI. O primeiro regulamento data de 1923 e foi reformado em 1927, 1955, 1975, 1988 e 1998. Está em vigor a versão de 1998, a qual é objecto de dois comentários muito conhecidos, da autoria de Derains e Schwartz, por um lado, e de Craig, Park and Paulsson, por outro. Existe também um Regulamento de 1999 de Decisão Pré-Arbitral (*référé pré-arbitral; pré-arbitral referee*) da CCI. A CCI tem um Centro Internacional de Perícias e, a parte de 1 de Setembro de 2004, tem um novo Regulamento sobre *Dispute Boards*, órgãos de resolução de controvérsias previstos na celebração de contratos de duração de médio ou longo prazo, sem a natureza de tribunais arbitrais.

Também a *London Court of International Arbitration* (LCIA), fundada em 1892 sob o nome de Câmara de Arbitragem de Londres (*London Chamber of Arbitration*), tem larga tradição na organização de arbitragens. O seu último Regulamento data de 1997, tendo entrado em vigor em 1 de Janeiro de 1998. A intervenção da *Court*, Centro de Arbitragem, é mais discreta do que a da sua *congére* CCI, podendo dizer-se que é menos "institucionalizada" que esta última.

Outra Instituição muito importante no domínio da arbitragem internacional é a *American Arbitration Association* (AAA), a qual possui dois regulamentos distintos: um para a arbitragem interna (*Commercial Arbitration Rules*) e um para a arbitragem internacional (*International Arbitration Rules of the American Arbitration Association*, alteradas em 2003 e conhecidas como *AAA Rules*). Convém referir que a AAA tem uma instituição arbitral sedeada em Dublin e destinada sobretudo a empresas europeias, designada como CIRD ou ICDR.

Existem outras instituições arbitrais muito conhecidas e que dispõem de regulamentos actualizados. Não poderemos referi-las aqui.

Importa ainda chamar a atenção para o Regulamento de Arbitragem de 2008 do Centro de Arbitragem Comercial da ACL/CCIP, que referimos atrás em várias ocasiões e que pode igualmente ser aplicado em arbitragens internacionais ou transnacionais.[199]

III-A par dos regulamentos destas Instituições Internacionais de Arbitragem, importa referir ainda a importância do Regulamento de 1976 da CNUDCI/UNCITRAL, aprovado para as arbitragens *ad hoc* (UNCITRAL *Arbitration Rules*), que está a ser objecto de revisão.

46. **A necessidade de intervenção dos tribunais estaduais para assegurar a obrigatoriedade da convenção arbitral. A lei do foro da sede de arbitragem**

---

[199] [1] O n.º 2 do art. 14.º prevê que, "nas arbitragens internacionais, podem as partes convencionar que a arbitragem tenha sede fora de Portugal".

I- Já referimos atrás que, na arbitragem internacional, se reveste de especial importância a chamada lei reguladora da arbitragem (*lex arbitrii*). A lei de arbitragem é, por regra, a lei da sede da arbitragem.

II- A lei reguladora da arbitragem engloba todas as normas que disciplinam a arbitragem num certo país ou ordem jurídica[200], nomeadamente a validade formal da convenção de arbitragem, a arbitrabilidade do litígio, a composição do tribunal arbitral, as garantias processuais e os princípios imperativos do processo, os casos de apoio dos tribunais estaduais e a matéria de impugnação das sentenças arbitrais.

O entendimento tradicional é o de que a lei reguladora de uma arbitragem é a lei da sede do tribunal arbitral.

Como escrevem POUDRET e BESSON:

"A sede da arbitragem desempenha um papel duplo na maior parte de países considerados aqui. Em primeiro lugar, determina o âmbito de aplicação da lex arbitrii. *Esta lei só se aplica aos processos arbitrais que «têm lugar» («taking*

200

[¹] Note-se que pode haver ordens infra-estaduais, como as dos Estados federados numa federação – é o caso paradigmático dos EUA; mas ver também o *Arbitration Act* de 1996 que vigora em Inglaterra e no País de Gales.

place»), quer dizer, que têm a sua sede, no país em questão. Em segundo lugar, a sede define a jurisdição dos tribunais nacionais para apreciar a impugnação da sentença arbitral. Os tribunais nacionais só têm jurisdição para apreciar impugnações de sentenças arbitrais que foram «proferidas» no seu país, quer dizer, sentenças arbitrais que resultam de processos arbitrais que têm a sua sede nesse país.

O esquema clássico é seguido sem reserva pelo Direito inglês (secção 21 do <u>Arbitration Act</u> de 1996), pelo Direito holandês (arts. 1064-2 e 1073-1 do Código de Processo Civil, WBR), pelo Direito Sueco (arts. 22, 46 e 47 da Lei Sueca), pelo Direito suíço (arts. 176 e 191 LDIP) e pela Lei-Modelo da UNCITRAL (arts. 1-2 e 34)"[201]

A mesma solução é seguida pelo Direito português (art. 37.º da LAV). De forma menos clara, é também o que parece resultar do Direito italiano (arts. 816.º, primeiro inciso, e 828.º, primeiro inciso, do CPC italiano).

No direito alemão, a doutrina tende a sustentar que a lei alemã só se aplica às arbitragens que têm lugar na Alemanha, apesar da formulação do §1062.º, n.º 2, do ZPO.[202]

No direito francês, os tribunais franceses tendem a

201

[1] *Comparative Law* cit., pág. 86.

202 [1] Trata-se de uma norma atributiva de competência territorial a um tribunal alemão de segunda instância "quando o lugar da arbitragem não está situado na Alemanha".

considerar-se competentes para conhecer de pedidos de impugnação de decisões arbitrais proferidas fora do país, atendendo à amplitude da noção de arbitragem internacional.

III- Como atrás já referimos, discute-se na doutrina a possibilidade de existirem arbitragens deslocalizadas (cfr. n.º 24, supra).

As arbitragens localizadas são as que são instauradas e se desenvolvem de harmonia com as normas da lex arbitrii da sede da arbitragem.

Na doutrina (por exemplo, MAYER e POUDRET /BESSON) sustenta-se que há uma modalidade de deslocalização geográfica (a arbitragem está sujeita a uma lei estadual diversa da de sede da arbitragem) e uma deslocalização jurídica (subtracção de uma arbitragem a qualquer sistema jurídico estadual).

Segundo POUDRET e BESSON, são concebíveis várias formas de deslocalização:

"A mais radical consiste em remover a arbitragem de todos os sistemas jurídicos e sujeitá-la exclusivamente à vontade das partes. São citados frequentemente dois exemplos para ilustrar este fenómeno: o caso SEEC v. República da Jugoslávia [apreciado nos tribunais suíços em 1958] e o caso GNMTC v. Götaverken [apreciado nos tribunais franceses nos anos de

1980 e de 1981]. Em ambos os casos, os tribunais da sede da arbitragem recusaram-se a receber um requerimento para anular a sentença arbitral com o fundamento de que a arbitragem não estava ligada aos seus sistemas jurídicos respectivos. O reconhecimento e a execução da sentença arbitral depararam-se com dificuldades porque se duvidou que tal sentença «anacional» pudesse caber no âmbito da Convenção de Nova Iorque (...). Embora estes dois casos tenham gerado um grande número de publicações (...), já não serão relevante as referências detalhadas a eles porque a mesma situação não pode ocorrer hoje (...). Quer na Suíça, quer em França, onde decorreram estas arbitragens, a lei prevê agora, sem excepções, que o tribunal da sede da arbitragem tem jurisdição quanto a um pedido de anulação da sentença arbitral (...)"[203]

A jurisprudência inglesa, por seu turno, tem sido implacável quanto à possibilidade de arbitragens deslocalizadas, e a sua recusa tem sido, de um modo geral, aceite nos outros países da *common law*. O Direito português vai no mesmo sentido (arts. 27.º, 28.º e 34 da LAV).

Uma forma mitigada de deslocalização consiste em afastar a arbitragem de todos os sistemas jurídicos estaduais e submetê-la à *lex mercatoria* (cfr. n.º 39, supra), embora no plano processual (outra coisa é a aplicação da *lex mercatoria* quanto ao mérito).

---

[203] (¹) *Comparative Law of Arbitration* cit., pág. 95.

POUDRET e BESSON citam um caso jurisprudencial italiano em que se admitiu que a *lex arbitrii* fosse a *lex mercatoria*, desde que fosse aplicável a Convenção Europeia de Arbitragem de 1961.

Uma terceira forma de deslocalização consiste em submeter a arbitragem ao Direito Internacional Público (é sabido que, no direito Internacional Público, há regras aplicáveis às arbitragens entre Estados).

Pode ainda admitir-se que a renúncia a qualquer forma de impugnação possa apontar para a deslocalização de uma arbitragem, de uma forma muito limitada. Tal renúncia tem de ser admitida pela lex arbitrii (ver, por exemplo, o art. 192.º, n.º 1, da LDIP suíça; o art. 1717.º, n.º 4, do Código Judiciário belga e ao art. 5.º, n.º 1, da Lei sueca de Arbitragem preceitos que aceitam tal possibilidade de renúncia, verificados certos condicionalismos). Mas os tribunais nacionais continuam neste caso a prestar assistência aos tribunais arbitrais (por exemplo, nomeação de um terceiro árbitro, assistência no que toca à execução de medidas cautelares; assistência quanto à obtenção de prova).

Por último, poder-se-á ver em certas particularidades da arbitragem electrónica (*e-arbitration*) uma nova forma de deslocalização. O exemplo mais nítido é do Regulamento de 1999 para resolução de litígios relativos a nomes de domínios sob a égide da ICAANN (*Internet Corporation of Assigned Names and Numbers*), em que se prevê uma arbitragem desligada de qualquer sistema jurídico.[204]

---

[204] [1] Cfr. Poudret e Besson, *Comparative Law of Arbitration* cit, pág. 108.

47.   **A designação da lei aplicável ao mérito da causa. A referência a outros sistemas normativos (por exemplo, *lex mercatoria*)**

I- Especificamente no que toca à arbitragem transnacional ou internacional, muitas leis de arbitragem prevêem regras específicas no que toca à lei aplicável ao mérito da causa.

Já vimos que os arts. 1496.º e 1497.º do Código de Processo Civil francês contêm regras específicas quanto ao direito aplicável às arbitragens internacionais. Dispõem estes artigos:

- Art. 1496.º - *"O árbitro decide o litígio de harmonia com as regras jurídicas escolhidas pelas partes: não havendo tal escolha, [decide] de harmonia com as normas que considera apropriadas.*
  Toma em consideração, em todos os casos, os usos de comércio."

- Art. 1497.º - *"O árbitro decide como <u>amiable compositeur</u> se a convenção das partes lhe confiou esta missão"*

A LDIP suíça de 1987, dispõe no seu art. 187.º:

"1. O tribunal decide segundo as normas jurídicas escolhidas pelas partes ou, na falta de tal escolha, segundo as normas jurídicas com as quais a causa apresenta laços mais estreitos.

2. As partes podem autorizar o tribunal arbitral a decidir segundo a equidade."

Os arts. 33.º e 35.º da LAV portuguesa estatuem:

Art. 33.º

(Direito aplicável)

"1. As partes podem escolher o direito a aplicar pelos árbitros, se os não tiverem autorizado a julgar segundo a equidade.

2. Na falta de escolha, o tribunal aplica o direito mais apropriado ao litígio."

Art. 35.º

(Composição amigável)

"Se as partes lhe tiverem confiado essa missão, o tribunal poderá decidir o litígio por apelo à composição das partes na base do equilíbrio dos interesses em jogo"

II- Como vimos atrás (n.º 40, supra), é usual na arbitragem internacional o reconhecimento pelo legislador nacional da faculdade de escolha do direito aplicável ao <u>mérito</u> ou <u>fundo</u> pelas partes (vulgarmente designado por *professio juris*) – *law governing the merits of the dispute ou applicable substantive law*. Podem também as partes autorizar os árbitros a julgar segundo a <u>equidade</u>.[205]

No Direito francês prevê-se que os árbitros possam julgar como *amiables compositeurs*, se as partes os tiverem autorizado a tal. A expressão é equivalente a julgamento segundo a equidade. Parece ser assim também no art. 28.º, n.º 3, da Lei-Modelo da CNUDCI / UNCITRAL.

Já vimos atrás que, no Direito português, o julgamento segundo a equidade na arbitragem internacional não se confunde com o julgamento através de composição amigável ("apelo à composição das partes na base do equilíbrio dos interesses em jogo").[206]

No que toca ao direito aplicável ao mérito, a escolha de um certo Direito implica por regra a sujeição ao direito material desse Estado, mas não às normas de conflitos do mesmo. O nosso direito, tal como o francês ou o suíço, não parece prever que possa haver

---

205 (1) Sobre esta matéria veja-se o estudo muito recente de António Sampaio Caramelo, *"Arbitration in Equity and Amiable Composition under Portuguese Law"*, in *Journal of International Arbitration*, 25-5, 2008, págs. 569-581.

206

(1) Remetemos para a distinção referida no n.º 40, supra.

devolução, por aplicação de normas de conflitos, para outro Direito. A escolha do Direito aplicável pode decorrer do facto de um Estado ter acolhido a regulamentação constante de uma Convenção Internacional (por exemplo, a Convenção de Viena sobre Venda Internacional de Mercadorias).

A estipulação sobre o direito aplicável pode implicar, por vontade das partes, que o Direito aplicável decorrerá das normas de conflitos de certo Estado.

Na falta de estipulação sobre direito aplicável, a nossa lei, tal como a francesa, manda os árbitros aplicar o "direito mais apropriado ao litígio".

A Prof.ª MAGALHÃES COLLAÇO chama atenção para o art. 33.º, n.º 2, da LAV:

"No quadro de uma arbitragem internacional, se as partes não escolherem o direito aplicável, os árbitros aplicarão "o direito mais apropriado ao litígio" (...)

É a «via directa» que triunfa [...]

É ainda muito cedo para prever o sentido em que se irá orientar a jurisprudência arbitral.

A interpretação defendida por certos autores portugueses, segundo a qual o direito mais apropriado nos termos do artigo 3[3].º, n.º 2 seria o direito com o qual a situação apresenta laços mais estreitos, não nos parece a melhor; peca, a nosso ver, na medida em que sacrifica a via directa a favor de uma solução que é ainda uma solução de tipo conflitual"[207]

É debatido entre nós se as partes ou os árbitros podem aplicar ao mérito do litígio um direito não estadual, nomeadamente a chamada *lex mercatoria*.

Por exemplo, na Suíça entende-se que a utilização de expressão "normas jurídicas" (*règles juridiques*) em vez de lei ou de Direito aponta para a possibilidade de aplicação de regras da *lex mercatoria* ou dos Princípios UNIDROIT relativos aos Contratos do Comércio Internacional. Será normalmente necessário que as partes estipulem tal aplicação.[208]

48. Ordem pública e arbitragem comercial internacional

I- O princípio de autonomia das partes na escolha do direito aplicável tem alguns limites.

Um desses limites consiste exactamente na ordem pública (*ordre public; public policy*). Outro pode ser a fraude à lei, tal como no direito internacional privado (cfrs. arts. 21.º e 22.º do Código

---

[207] [1] "L'Arbitrage international dans la récente loi portugaise" cit, pág. 64.

[208]

[1] Remete-se sobre esta problemática para Luís de Lima Pinheiro, Arbitragem Internacional cit., págs. 198 e segs., 416 e segs.

Civil). A ordem pública constitui o "núcleo duro" de cada ordem jurídica nacional que se opõe à aplicação de leis estrangeiras que revelem soluções incompatíveis com os princípios fundamentais que integram tal núcleo.

Na arbitragem interna ou internacional, podem surgir casos de litígios simulados, de manobras fraudatórias e de violação dos princípios fundamentais da ordem pública do Estado onde tem sede a arbitragem ou onde se visa fazer reconhecer e executar a sentença arbitral afectada por tais situações ilícitas. Por isso e como referem POUDRET e BESSON, tomando em consideração antes de mais a posição dos próprios árbitros:

> *"Uma vez que as leis de arbitragem não fornecem no presente uma resposta, é importante que a doutrina e os tribunais desenvolvam critérios para evitar que uma cláusula arbitral juntamente com a escolha da lei se torne um instrumento usado para fraudulentamente escapar à lei (fraus legis ou fraude à la loi). Tal parece ser o caso quando a escolha da lei aplicável de normas é ditada pelo desejo de evitar a aplicação de normas imperativas. Na verdade, vários autores incluem tal fuga fraudulenta à lei, juntamente com a não aplicação de normas imperativas estrangeiras (lois de police) e a violação da ordem pública internacional entre os fundamentos que permitem aos árbitros*

desconsiderar a "escolha da lei" pelas partes."[209]

A jurisprudência comunitária, no caso *Eco Swiss v. Benetton*, julgado em 1999 pelo Tribunal de Justiça das Comunidades Europeias, abordou as relações entre arbitragem e Direito da Concorrência, julgando que uma violação do art. 85.º do Tratado de Roma (hoje, art. 81.º) deve ser tratada como uma violação de normas de ordem pública nacional pelo tribunais dos Estados Membros, mas o Direito Comunitário não estatui sobre se, em que medida e como deve ser efectuada uma impugnação da sentença arbitral com base na ordem pública. No caso concreto, estava em causa um acordo que tinha por objecto ou efeito a prevenção, restrição ou distorção da concorrência no mercado comum, tendo essa questão sido apreciada numa decisão arbitral interlocutória que tinha transitado em julgado, tendo a questão de violação da ordem pública surgido numa acção de anulação de sentença final.

É debatido se os árbitros devem suscitar oficiosamente a questão de violação da ordem pública, nomeadamente a questão da violação de normas do Direito da Concorrência.

II- No que toca ao Direito Português, parece, no mínimo, duvidoso que, numa arbitragem internacional a que se aplica a LAV, possa ser suscitada em acção de anulação a violação de ordem

---

[209] (1) *Comparative Law of Internacional Arbitration* cit, pág. 607.

pública internacional, atendendo à taxatividade dos fundamentos da acção de anulação (art. 27.º, n.º 1). A verdade é que é discutido na doutrina se não se deve incluir como fundamento de anulação a violação da ordem pública internacional. Vimos atrás que é essa a opinião do Prof. LIMA PINHEIRO.[210]

Já quando se aprecia em Portugal um pedido de reconhecimento de sentença arbitral estrangeira, o tribunal pode sempre conhecer oficiosamente de eventual violação da ordem pública internacional do Estado português (Convenção de Nova Iorque de 1958, art. V, n.º 2).

49. Referência ao regime de arbitragem de investimento (arbitragem na Convenção de Washington de 1965-CIRD/ICSID)

I- Já atrás referimos a Convenção de Washington de 1965 para a Resolução de Diferendos relativos a Investimentos entre Estados e Nacionais de Outros Estados, a qual foi aprovada para ratificação por Portugal pelo Decreto do Governo n.º 15/84, de 3 de Abril.[211]

Tal Convenção instituiu um Centro Internacional para a Resolução de Diferendos Relativos a Investimentos (na abreviatura francesa CIRDI; na abreviatura inglesa ICSID). Tal Centro tem como

---

[210] (¹) Remete-se para o n.º 42, supra.

[211] (¹) Veja-se n.º 8, supra.

objecto "proporcionar os meios de conciliação e arbitragem dos diferendos relativos a investimentos entre Estados Contratantes e nacionais de outros Estados Contratantes em conformidade com as disposições desta Convenção". Este Centro tem sede no BIRD (Banco Internacional para Reconstrução e Desenvolvimento), em Washington.

O art. 25.º, n.º 1, regula a competência do Centro, indicando que abrange "os diferendos de natureza jurídica directamente decorrentes de um investimento entre um Estado Contratante (ou qualquer pessoa colectiva de direito público ou organismo dele dependente, indicado pelo Estado ao Centro) e um nacional de outro Estado Contratante, diferendo esse cuja submissão ao Centro foi consentida por escrito por ambas as partes. Uma vez dado o consentimento por ambas as partes, nenhuma delas poderá retirá-lo unilateralmente."

Também atrás se referiu que os Estados desenvolvidos e os Estados em vias de desenvolvimento têm celebrado Tratados Bilaterais de Investimento (TBI's), constando dos mesmos a remissão para a Convenção de Washington e o Centro por ela instituído, bem como para os respectivos Regulamentos, e também para uma cláusula em que se estabelece o consentimento unilateral do Estado receptor do investimento na submissão aos meios de conciliação e arbitragem organizados pelo CIRDI. Como vimos atrás, fala-se a este propósito de uma "cláusula diagonal" O Tratado internacional ou TBI é celebrado entre dois Estados e a vinculação do Estado receptor ocorre em relação ao investidor privado ou público que não é parte desse Tratado.

O Capitulo III da Convenção (arts. 28.º a 35.º) regula a conciliação.

O Capitulo IV da mesma Convenção (arts. 36.º a 55.º) regula a arbitragem, tratando sucessivamente o pedido de arbitragem, a constituição do tribunal, os poderes e funções do tribunal, a sentença, a interpretação, revisão e anulação da sentença e, por último, o reconhecimento e execução da sentença.

O curioso é que nesta matéria não há recurso ou pedido de anulação apresentado a tribunais de qualquer Estado, tudo se passando no interior do Centro. O art. 53.º estatui que "a sentença será obrigatória para as partes e não poderá ser objecto de apelação ou qualquer outro recurso, excepto se a execução for suspensa em conformidade com as disposições da presente convenção". O pedido de anulação de sentença é apresentado ao secretário geral do CIRDI (art. 52.º) e é apreciado por um comité *ad hoc* composto por três pessoas que figuram na lista de árbitros.

Em contrapartida os diferendos entre Estados Contratantes referentes à interpretação ou aplicação da Convenção de Washington serão submetidos ao Tribunal Internacional de Justiça, com sede em Haia, quando não sejam resolvidos por negociação entre esses Estados (art. 65.º)

II- Têm surgido frequentes dificuldades de compatibilização entre o conteúdo dos Tratados Bilaterais de Investimento e as estipulações dos contratos de investimento (os quais prevêem por vezes pactos atributivos de jurisdição e cláusulas arbitrais que estipulam arbitragens *ad hoc*). Não podemos desenvolver esta matéria.[212]

50.   A Arbitragem e o Direito Comunitário

I- Até agora, o Direito Comunitário não regula a arbitragem voluntária.

Todavia, no espaço da União Europeia, as regulamentações nacionais sofrem a influência da jurisprudência comunitária sobre certos aspectos pontuais.

Deve notar-se que está prevista no Tratado das Comunidades Europeias (art. 238.º, antigo art. 181.º) a possibilidade de o Tribunal de Justiça das Comunidades Europeias receber jurisdição para decidir litígios baseados em convenção de arbitragem de que seja parte a Comunidade Europeia. Trata-se, todavia, de uma possibilidade algo estranha porque o Tribunal da Justiça, apesar da base contratual da sua jurisdição, vai proferir uma decisão segundo as normas processuais previstas para os

---

[212] [¹] Remete-se para os estudos dos Profs. Sérvulo Correia, "A Resolução dos Litígios sobre Investimento Estrangeiro em Direito Arbitral Comparado", in *I Congresso do Centro de Arbitragem Comercial* cit., págs. 199-222, e Tiago Duarte, "O Reconhecimento e a Execução da Sentença ICSID/CIRDI: Portugal à Espera da Primeira Vez", in *Estudos Comemorativos* cit., págs. 767-802.

processos para que é competente nos termos normais. Daí que haja autores que falem de "arbitragem judicial" neste caso.

II- É curioso notar que o art. 238.º do Tratado das Comunidades é interpretado no sentido de que a validade da convenção de arbitragem celebrada pelas Comunidades Europeias é exclusivamente aferida face ao próprio Direito Comunitário, sendo irrelevantes as disposições de qualquer lei nacional que excluam, por exemplo, a arbitrabilidade desse litígio.[213]

III- Deve ter-se em consideração que o Regulamento n.º 44/2001 do Conselho, de 22 de Dezembro de 2000 (Regulamento Bruxelas I), relativo à competência judiciária, ao reconhecimento e à execução de decisões em matéria civil e comercial, estabelece expressamente que é excluída da sua aplicação – a qual incide sobre "matéria civil e comercial e independentemente da natureza da jurisdição" – a arbitragem (art. 1.º, n.º 2, alínea d). Trata-se do reconhecimento da desnecessidade de uma fonte comunitária nesta matéria, dada a aplicação universal da Convenção de Nova Iorque.

IV- É sobretudo através do reenvio prejudicial previsto no art. 234.º do Tratado das Comunidades Europeias (antigo art. 177.º)

---

[213] (¹) Cfr. jurisprudência indicada em Poudret e Besson, *Comparative Law of International Arbitration* cit., pág. 63, nota 285, casos *Feilhauer e Bauer*.

que o Tribunal de Justiça das Comunidades Europeias (TJCE) se tem pronunciado sobre questões que afectam o Direito da Arbitragem, sendo chamado a resolver tais situações a pedido de tribunais nacionais.

Importa referir que, em 1982, no Caso *Nordsee* o Tribunal de Justiça negou a possibilidade de um tribunal arbitral poder submeter directamente uma questão de Direito Comunitário através do mecanismo do reenvio prejudicial, por não poder equiparar-se o tribunal arbitral a um tribunal de um Estado Membro.

Já atrás chamámos a atenção para algumas decisões jurisprudenciais com impacto sobre matéria de arbitragem:

- Decisão do TJCE no Caso *Turner v. Grovit* (2004) sobre a compatibilidade das *anti-suit injunctions* inglesas com o Direito Comunitário (cfr. supra n.º 29). No final de 2007, a Câmara dos Lordes, supremo tribunal britânico, submeteu ao TJCE nova questão prejudicial sobre as *anti-suit injunctions*, tendo em 2009 este último tribunal confirmado a anterior decisão sobre tal incompatibilidade (Acórdão de 10 de Fevereiro de 2009, caso Allianz SPA c/ West Tankers, Inc);

- Decisões sobre o Direito da Concorrência com

implicações em matéria arbitral, nomeadamente o caso *Eco Swiss v. Benetton* (1999)[214].

Em 2006, o TJCE decidiu, no caso *Mostaza Claro*, em relação aos contratos celebrados com consumidores, que a Directiva sobre Cláusulas Abusivas deve ser interpretada de forma a que o tribunal estadual possa apreciar uma questão de competência do tribunal arbitral, decorrente de invalidade da convenção de arbitragem, numa acção de anulação de sentença arbitral, e deve anular esta última, se tal convenção constituir em si mesmo uma cláusula abusiva, ainda que a parte consumidora não tenha suscitado tal questão no momento processual adequado[215]

---

214 (¹) Cfr. supra, n.º 48

215

(¹) Cfr. Luís de Lima Pinheiro, "Recurso e Anulação de Decisão Arbitral" cit., in *I Congresso de Centro de Arbitragem*, pág. 184.

Bibliografia

Ali, Arif Hyder / Baker, Mark C. A Cross-Comparison of Institutional Mediation Rules. Dispute Resolution Journal, Vol.57, No.2, 2002, pp. 73-81

Anderson, Alan M. / Young, Christopher A. Why arbitration is a valid alternative.
Managing Intellectual Property, June 2007

Anderson, Alan M. / Young, Christopher A. / Razavi, Bobak International Arbitration: The Only Way to Resolve Multi-Jurisdictional Patent Disputes in a Single Forum. Transnational Dispute Management, October 6, 2008

Anderson, Margaret E. Intellectual Property Mediations: Special Techniques for a Special Field. Texas Intellectual Property Law Journal, Vol.3, No.23, 1994, pp. 23-32

Bagner, Hans Expedited Arbitration Rules: Stockholm and WIPO. Arbitration International, Vol.13, No.2, 1997, pp. 193-198

Barraclough, Emma.Why Mediation's Time Has Come Managing Intellectual Property, March 2014

Bennet, Steven C. The Developing American Approach to Arbitrability. Dispute Resolution Journal, Vol.58, No.1, 2003, pp. 10-16

Bettinger, Torsten .WIPO Domain Name Dispute Resolution

Course on Dispute Settlement in International Trade, Investment, and Intellectual Property (UNCTAD) 2003

Blackmand, Scott H. / McNeill, Rebecca M. Alternative Dispute Resolution in Commercial Intellectual Property Disputes. The American University Law Review, Issue 47, 1998, pp. 1709-1734

Blessing, Marc . Objective Arbitrability - Antitrust Disputes - Intellectual Property Disputes. Swiss Arbitration Association Special Series, No.6, 1994, pp. 13-25

Blessing, Marc .The Conduct of Arbitral Proceedings Under the Rules of Arbitration Institutions; The WIPO Arbitration Rules in a Comparative Perspective. WIPO Conference on Rules for Institutional Arbitration and Mediation, 1995, pp. 41-72

Blessing, Marc The Mediation Rules of WIPO and Others: A Ticket to Paradise or Into a Better Mousetrap? WIPO Conference on Rules for Institutional Arbitration and Mediation, 1995, pp. 119-131

Blessing, Marc .Arbitrability of Intellectual Property Disputes. Arbitration International, Vol.12, No.2, 1996, pp. 191-221

Böckstiegel, Karl-Heinz. Perspectives of Future Development in International Arbitration.The Leading Arbitrators' Guide to International Arbitration, 2nd Edition (Newman and Hill editors) 2008, p. 821

Böckstiegel, Karl-Heinz.Perspectives of Future Development in International Arbitration.The Leading Arbitrators' Guide to International Arbitration, 2nd Edition (Newman and Hill editors) 2008, p. 821

Boog, Christopher / Menz, James Arbitrating IP Disputes: the 2014 WIPO Arbitration Rules. Journal of Arbitration Studies, Vol.24 No.3, pp. 105-124

Budge, John / Wang, Dong Hui .Introduction To Arbitration And Mediation Procedures Of The PRC. Les Nouvelles, Journal of the Licensing Executives Society International, Vol.XLII, No.1, March 2007, p.

328

Burchell, Katrina .In Good Faith - The Growing Importance of Mediation in Intellectual Property Trademark World, No.166, 2004, pp. 24-25

Chang, Wen .Also on the "Arbitrability" of Patent Infringement Disputes.
China Patents & Trademarks, No.2, 1996, pp. 36-39

Christophersen, Ruth .Mediation ? Instrument auch für den gewerblichen Rechtsschutz? Mitteilungen der deutschen Patentanwälte, Vol.8, 2002, pp. 343-348

Ciracò, Daniele.Forget the Mechanics and Bring in the Gardeners: An Exploration of Mediation in Intellectual Property Disputes. Canadian Intellectual Property Review, Vol.18, No.2, 2002, pp. 432-462

Collar Fernandez, Carmen / Spolter, Jerry .International Intellectual Property Dispute Resolution: Is Mediation a Sleeping Giant? The Journal of World Intellectual Property, Vol.1, No.3, 1998, pp. 555-569

Cook, Trevor / Garcia, Alejandro. International Intellectual Property Arbitration. Arbitration in Context Series, Kluwer Law International, the Netherlands, 2010

Da Cunha Ferreira, Gonçalo / de Castro, Ignacio / Meira Moser, Luiz Gustavo / Toscano, Leandro . O Uso da Mediação para a Resolução de Disputas de Propriedade Intelectual – A Experiência Internacional. Revista Brasileira de Arbitragem, Edição Especial: Arbitragem e Mediação em Matéria de Propriedade Intelectual, pp. 36-51, September 2014

Da Cunha Lopes. T., *"Genealogía de la institucionalización de la Mediación en Europa de tradición romanista-germánica: el caso francés"*. In M MARQUEZ. A; Ma. G. *"Reflexiones sobre Mediación Comunitaria"*, Universidad de Aguascalientes, 2013

De Castro, Ignacio. Arbitration of Intellectual Property and Technology

Disputes – Recent Developments New Developments in International Commercial Arbitration 2014, Centre de recherche sur les modes amiables et juridictionnels de gestion des conflits (CEMAJ)-Université de Neuchâtel-Schulthess, November 2014, pp.43-61

De Castro, Ignacio / Meira Moser, Luiz Gustavo .Mediação e Arbitragem de controvérsias relativas à propriedade intelectual e à tecnologia - O funcionamento do Centro de Arbitragem e Mediação da Organização Mundial da Propriedade Intelectual . Revista de Arbitragem e Mediação, São Paulo, v. 38, p. 151-179, July/September 2013

De Castro, Ignacio / Toscano, Leandro Resolution of ICT Disputes through Mediation and Arbitration.Computer Law Review International, CRi 5/2012, pp. 147-153

De Castro, Ignacio / Schallnau, Judith / Blaya, Alicia.Technology Transactions: Managing Risks Arising from Disputes WIPO Magazine, September 2011

De Castro, Ignacio / Theurich, Sarah
Efficient Alternative Dispute Resolution (ADR) for Intellectual Property Disputes
Handbook of European Intellectual Property Management, Kogan Page, 2009, pp. 479-485

Delehanty, John. Benefits of using mediation to resolve patent disputes The National Law Review, November 2013

De Souza, Edson .A Glance At Arbitration in Brazil.
Les Nouvelles, Journal of the Licensing Executives Society International, Vol.XLII, No.1, March 2007, p. 317

Dessemontet, François . Arbitrage, propriété intellectuelle et droit de la concurrence. Swiss Arbitration Association Special Series, No.6, 1994, pp. 55-97

Doi, Teruo . Arbitration: Law and Practice, and Proposed Legislation in Japan (I). Journal of The Japanese Group of A.I.P.P.I., Vol.28, No.2, 2003, pp. 67-84

Doi, Teruo .Arbitration: Law and Practice, and Proposed Legislation in Japan (II). Journal of The Japanese Group of A.I.P.P.I., Vol.28, No.3, 2003, pp. 147-166

Drouault-Gardrat, Paule / Barbier, Marion . Mediation in France. Les Nouvelles, Journal of the Licensing Executives Society International, Vol.XLII, No.1, March 2007, p. 335

French, Hayley . Mediation And Arbitration in England. Les Nouvelles, Journal of the Licensing Executives Society International, Vol.XLII, No.1, March 2007, p. 333

García Martínez, Elena .El arbitraje y la mediación como fórmulas de resolución de los conflictos derivados del uso de la propiedad íntelectual a través de Internet. Revista de Derecho Mercantil, No.231, 1999, pp. 167-182

García Martínez, Elena .El arbitraje en propiedad intelectual: la necesidad de una inminente reforma del arbitraje especial del R.D. 479/1989, 5 de Mayo .Separata de Anuario de Justicia Alternativa ? Derecho Arbitral, No.1, 2001, pp. 63-88

García Martínez, Elena .La tutela de transmisión digital de obras: jurisdicción, arbitraje y mediación on-line o el procedimiento administrativo de impugnación de nombres de dominio? Informática y Derecho, Vol.2, 2002, pp. 761-783

Herrmann, Gerald .The Arbitral Decision. [WIPO Arbitration Rules] WIPO Conference on Rules for Institutional Arbitration and Mediation, 1995, pp. 83-89

Hoffmann, Julia .International Arbitration of Cross-Border IP Disputes. Journal of the Intellectual Property Society of Australia and New

Zealand Inc., September 2006, pp. 26-33

Iimura, Toshiaki . In-Court and Out-of-Court Settlement of Intellectual Property Rights Disputes. Presented at SOFTIC Symposium, www.softic.or.jp, 2002

ITU, Telecommunication Standardization Bureau
Understanding patents, competition & standardization in an interconnected world. ITU, 2014

Japan Intellectual Property Association Study of Japanese Perspective on IP/ADR (Mediation and Arbitration). Intellectual Property Management, Vol.53, No.6, 2003, pp. 913-925

Kreindler, Richard H. .Arbitration: A Creative Alternative to Intellectual Property Litigation in Light of Two Recent U.S. Supreme Court Decisions.
World Arbitration and Mediation Report, Vol.9, No.1, 1998, pp. 13-17

Kuner, Christopher .The WIPO Arbitration Rules: An Overview for Practitioners.
The International Legal Forum, Issue 1, 1996, pp. 40-43

Lack, Jeremy .IPR Mediation in an Increasingly Global and Technological Society Know IP - Stockholm Network Monthly Bulletin on IPRS, Vol. 2, Issue 8, September 2006, pp. 4-7

Lamb, Sophie / Garcia, Alejandro .Arbitraje de Disputas sobre Derechos de Propiedad Industrial e Intelectual .Revista del Club Espanol del Arbitraje, 2/2008

López Ortiz, Alejandro .Arbitration and IT
Arbitration International, Vol.21, No.3, 2005, pp. 343-360

Otero Iglesias, Ana .El arbitraje en la nueva ley de marcas. Diario La Ley, No.5717, 2003

Pagenberg, Jochen .The Arbitrability of Intellectual Property Disputes in

Germany. WIPO Worldwide Forum on the Arbitration of Intellectual Property Disputes, 1994, pp. 81-94

Perales Viscasillas, Maria del Pilar Arbitrabilidad de los Derechos de la Propiedad Industrial y de la Competencia .Anuario de Justicia Alternativa, No.6, 2005, pp.11-75

Perkins, David .Protective Orders in International Arbitration ASA Bulletin 2/2015 (June), pp.275-292

Ribeiro Mendes, Armindo A., y et al. *"Mediación, Arbitraje, Conciliación y Reformas Constitucionales en Iberoamérica"*, CIJUS/UMSNH, 2012

Smit, Hans / Pechota, Vratislav A Chart Comparing International Commercial Arbitration. Smit's Guides to International Arbitration, 1998

Smit, Hans / Pechota, Vratislav Arbitration Rules ? International Institutions. **Smit's Guides to International Arbitration, 2001**

Smit, Robert H. General Commentary on the WIPOA Arbitration Rules,Recommended Clauses, General Provisions and the WIPO Expedited Arbitration Rules. The American Review of International Arbitration, Vol.9, 1998, pp. 3-44

Smith, Nicholas / Wilbers, Erik .The UDRP: Design Elements of an Effective ADR Mechanism. The American Review of International Arbitration, Vol.15, No. 2, 2004, pp. 215-229

Sobieraj, James Arbitration And Mediation In The United States. Les Nouvelles, Journal of the Licensing Executives Society International, Vol.XLII, No.1, March 2007, p. 341